KURT KNAAK

Araber-Vollblut

Als die edelsten Vollblüter gelten zweifellos die Araberpferde, deren Züchtung nach der Überlieferung auf den Propheten Mohammed zurückgehen soll. Ihre Schnelligkeit wird weithin gerühmt, ihre Ausdauer und ihre Gelehrigkeit sind anerkannt.

Kurt Knaak, der vielgelesene Tierbuchautor, zeigt sie uns auf der Koppel wie an der Longe, beim Fohlen wie beim Zureiten, bei der Dressur wie in der Springausbildung; er führt sie uns in einem Arabergestüt, in einer Reiterpension wie in der Zirkusmanege vor und läßt uns bei den Kaufverhandlungen dabeisein, in denen es um fünf- bis sechsstellige Summen geht.

In einer Zeit, in der sich das Reiten bei Jungen und Mädchen zunehmender Beliebtheit erfreut, dürfte diese kenntnisreiche Darstellung über die Vollblüter auf breites Interesse stoßen.

KURT KNAAK

Araber-Vollblut

W. FISCHER-VERLAG · GÖTTINGEN

1. Auflage 1974: 10 000

ISBN 3 439 04507 2

Titelfoto oben: Kurt Knaak
Titelfoto unten: Witt
Innenzeichnungen: Hans Arlart
Gesamtherstellung: Fischer-Offset-Druck, Göttingen

INHALT

Das Gestüt Schwarzbach

Es war sechs Uhr in der Frühe, als der Wecker schrillte. Franz Iller, der jetzige Besitzer des Schwarzbachhofes, sprang aus dem Bett und kleidete sich an. Sein Gehilfe Ewald, der bereits seit einer Stunde auf war und in der Futterkammer des Pferdestalles hantierte, war niemand anders als der frühere Eigentümer des ehemaligen Bauernhofes. Nur wenige wußten dies und kannten die Vorgeschichte.

Früher, als ihm der einhundert Hektar große Besitz noch gehörte, hatte der jetzt vierzigjährige Junggeselle aus Liebeskummer fast täglich über den Durst getrunken, und oft genug hatte er sich in angeheitertem Zustand an das Steuer seines alten Mercedes gesetzt, um heimzufahren. Über Monate hinweg war das gutgegangen. Dann aber, als er einmal volltrunken war, hatte er einen schweren Verkehrsunfall verursacht, hatte Fahrerflucht begangen und war am Tag darauf von der Polizei gefaßt worden. Das Gericht hatte ihm nicht nur für zwei Jahre den Führerschein entzogen, sondern auch eine längere Gefängnisstrafe ausgesprochen. Der ohnehin stark verschuldete Hof war nun auch noch verwaist.

Franz Iller, der schon seit Monaten auf der Suche nach einem geeigneten Grundstück war, um dort ein Pferdegestüt aufzubauen, griff zu und erstand den Bauernhof meistbietend. Freilich fehlte ihm noch ein tüchtiger Landwirt. Zwangsläufig besann er sich auf den inhaftierten Mann; er löste ihn als Bewährungshelfer aus der Haft und stellte ihn auf seinem eigenen Hof an, mit der Aussicht, ihn zu seinem Verwalter zu machen, wenn er sich bewähre.

Ewald schien wie verwandelt, wie aus einem bösen Traum erwacht. Er, dem vor Jahren der Hof gleichgültig gewesen war, so als ob er das Eigentum eines anderen wäre, schuftete nun unermüdlich, als ob es sein Besitz sei, den es zu bewahren gelte.

Sicher war es nicht allein Dankbarkeit gegenüber seinem Dienstherrn, die diese Umkehr in ihm bewirkt hatte. Vielleicht mehr noch ein Gefühl der Erleichterung, von einer Verantwortung befreit zu sein, die zu schwer auf ihm gelastet hatte und der er nicht gewachsen war, das Gefühl, nun eine Aufgabe zu haben, mit der er fertigwurde, und ein neues Leben beginnen zu können. Tatsache ist, daß er nun geradezu pflichtbesessen von früh bis spät in den Abend auf den Beinen war, die Felder bestellte, die Ställe säuberte und sich um die Pferde sorgte, denen er sich mit wachsender Zuneigung widmete und mit denen er offenbar besser umzugehen verstand als mit den Menschen.

Mehr als vierzig Pferde waren es inzwischen geworden, die seine Stallungen bevölkerten — Hengste, Stuten und Jährlinge, meist Vollblutaraber, eines herrlicher als das andere. Und Ewald wandte ihnen bald seine ausschließliche Sorge, ja, seine ganze Liebe zu.

„Guten Morgen, Chef! Nichts Neues im Beritt!" begrüßte Ewald den Besitzer. Iller erwiderte den Gruß und gab ihm die Hand. Dann kümmerten sich beide um die Fütterung der Pferde, die schon ungeduldig in ihren Boxen warteten.

Ein Laie hätte ihnen den gequetschten Hafer wohl in gleichen Mengen verteilt und dabei einen großen Fehler gemacht. Die beiden sachkundigen Männer jedoch maßen ihren Pflegebefohlenen die Portionen ganz ungleichmäßig zu, weil sie zwischen Erhaltungs- und Leistungsfutter unterschieden; denn die tragenden Stuten wie Naglaa, Morisca, Balada, Gamilia, Azemaa und Om el Arab und andere brauchten in diesen Wochen vor dem Fohlen einen höheren Eiweißgehalt als die Jährlinge. Fünf Kilogramm Hafer, die gleiche Menge Heu und Häcksel sowie ein Kilogramm Stroh entsprachen ihrem durchschnittlichen Bedarf, wobei der Hafer zuweilen durch Möhren teilweise ersetzt wurde.

Bei der Bemessung der Futtermengen hatte Iller nicht nur das Wohlergehen seiner Pferde im Auge, sondern achtete auch auf die Wirtschaftlichkeit der Fütterung. Eiweißverschwendung war ein teures Vergnügen, was sich im Laufe des Jahres fühlbar im Geldbeutel bemerkbar machte. Keinesfalls war Iller ein Knauser. Was die tragenden Stuten zu ihrem Vorteil brauchten, erhielten sie. Zusätzlich wurde ihnen aufgebrühte Weizenkleie und Leinsamenschrot gereicht, was ihnen besonders gut schmeckte.

Ob die Futtermengen auch bei den Jährlingen ausreichten, sie mußten ja noch wachsen, kontrollierte der Chef nicht nur durch täglichen Augenschein; das überprüfte er auch durch regelmäßiges Wiegen der Jungtiere. Zwei bis drei Kilogramm Kraftfuttergemisch aus Hafer und Gerste, Weizenkleie und Trockenschnitzel, Bohnen und Süßlupinen wurden ihnen nach dem Absetzen von den Mutterstuten zugemessen. Mit zunehmendem Alter wurden ihnen größere Mengen Futter verabreicht, Möhren und Heu der Futterration hinzugefügt.

Iller verstand sein Fach. Als er vor Jahren noch sein Gut im Schwarzmeergebiet der Sowjetunion bewirtschaften konnte, hatte er reiche Erfahrungen in der Pferdezucht sammeln können. Große Aufmerksamkeit widmete er darum stets der Güte des Heus; er ließ seine Wiesen jährlich mehrmals mit Mineralsalzen düngen und kaufte, da der Ertrag seiner Ländereien nicht mehr reichte, oft von auswärts beste Heuqualität.

Große Sorgfalt verwendete Iller auch bei der Fütterung der Vatertiere, bei den beiden Zuchthengsten Laos und Shaker el Masri. Jener, in Polen gezogen, bestach als Schimmel durch die Kraft seines Körpers und durch die wohlgesetzte Gangart, während der im ägyptischen Staatsgestüt El Zahraa gezogene Shaker jeden Pferdefreund durch das temperamentvolle Wesen und durch die Geschmeidigkeit seiner Glieder zu entzücken wußte. Voller Nerv, bildete die feingeaderte Zeichnung unter dem hellbraunen Haarkleid einen idealen Vorwurf für Maler und Bildhauer.

Wie sprühte feuriges Leben aus seinen klaren Augen, wie weiteten sich seine Nüstern, sobald er den frischen Frühlingswind atmete, der durch die halbgeöffnete Tür vor seiner Box über die Stallgasse wehte! Auf ihm ruhte die Hoffnung des Züchters mehr noch als auf seinem Konkurrenten Laos, der etwas älter war und einen anderen Typ verkörperte.

Beiden also galt Illers besondere Fürsorge. Sie durften durch zu große Haferportionen nicht zu fett, aber durch umfängliche Heufütterung auch nicht zu mager gehalten werden. Zur Steigerung ihrer Ausdauer und ihrer Kraft bekamen beide dicksaure Magermilch zum Hafer- und Bohnenschrot, angekeimten Weizen und Roggen und nicht zuletzt Möhren aus der Miete, schön gesäubert und zerkleinert.

Ehe eine Stunde verstrichen war, hatten die Männer die Pferde gefüttert. Iller liebte es geradezu, sie prusten und mit den Kiefern mahlen zu hören. Wie gut, daß man sich nicht mehr um das Tränken zu kümmern brauchte! Was war das doch früher für eine elende Schlepperei mit den Wassereimern! Seit Iller die Wasserleitung hatte in den Stall legen lassen, konnte jedes Pferd nach Belieben aus der in seiner Box angebrachten Selbsttränke seinen Durst stillen, die automatisch für laufenden Zufluß vorgewärmten Wassers sorgte.

Der Umbau des alten Viehstalles hatte Iller mancherlei Kopfschmerzen verursacht und erhebliche Kosten dazu. Die eigentliche Schwierigkeit lag darin, ihn vor kalten Nord- und Ostwinden zu schützen und ihn mit Licht und Luft zu erfüllen. Deshalb mußte die alte, tiefhängende Stalldecke herunter und die neue in vier Meter Höhe aus Holz und Ziegel gezogen werden. Ent- und Belüftungsschächte wurden eingebaut. Damit die warme, verbrauchte Stalluft ungehindert ausströmen konnte und nicht vorzeitig abkühlte, wurden sie aus Holz gefertigt. Dies den Handwerkern verständlich zu machen, dazu war Illers stete Anwesenheit auf dem Bau notwendig. Große, nach innen aufklappbare Fenster wurden eingebaut; damit die einströmende Luft nicht sofort auf die Pferderücken niederschlug, ließ er seitlich an den Fenstern Windschutzbacken befestigen. Eine neue Beleuchtungsanlage sollte auch an trüben Winterabenden für gutes Licht bei der Arbeit sorgen.

Während die Trennwände der Boxen aus Holz waren, bestand der Fußboden aus einer Ziegelmauerung, die mit Zement verfugt und hochkant auf eine Sand- und Schlackenschicht gesetzt war. Zur Vermeidung von Sehnen- und Hufverletzungen war die Jaucherinne nur drei Zentimeter tief als flache Mulde angelegt. Krippen aus glasiertem Ton, 35 cm breit und 75 cm lang, waren in den Krippentisch eingelassen. Zur Vermeidung von Prellungen unruhiger Pferde hatte Iller die Kanten der Wand längs der Stallgasse mit ein Meter langen senkrecht angebrachten Rollen versehen. Alle Türen waren als Klapptüren konstruiert, damit sie bei Feuer oder anderen Gefahren nach außen geschlagen werden konnten. In halber Höhe geteilt, sicherten sie sommersüber bei großer Hitze eine bessere Lüftung des Stallraumes.

Im letzten Bauabschnitt wurde im hinteren Teil des Stallgebäudes ein sogenannter Kühlstand auszementiert. Auf allen Seiten mit einer 30 cm hohen wasserdichten Umgrenzung versehen, war er zur Behandlung huf- und sehnenkranker Pferde gedacht, die eine stete Kühlung überanstrengter Gliedmaßen durch fließendes Wasser nötig hatten. Eine Querunterteilung machte es möglich, entweder die Vorder- oder die Hinterhufe zu behandeln.

Als letztes wurde nebenan eine geräumige Geräte- und Putzkammer für Mist- und Futtergabeln und für das Putzzeug, für die Stallapotheke sowie eine Waschanlage eingerichtet. Schritt für Schritt hatte Ewald mitangesehen, wie der technische Fortschritt in seinen Hof einzog und sein alter Pferdestall ein völlig neues Aussehen gewann. Zumeist hatte er sein Erstaunen über die Veränderung unterdrückt, vielleicht, weil sich in die Freude über die völlig neuen Arbeitsbedingungen Reue über sein früheres Versagen und wohl auch ein wenig Neid mischten.

„Hier macht das Arbeiten Spaß, Chef!" waren daher wohl auch die ersten Worte der Begeisterung, die der ansonsten wortkarge Mann bei der Einweihung von sich gab. Es bedurfte übrigens großen Zuredens, daß Ewald seinen Schwur brach und den ihm kredenzten Kornschnaps annahm. Seit seiner Haftentlassung hatte er aus der Einsicht, daß er seiner Trinkerei den Niedergang seines Hofes verdankte, keinen Tropfen Alkohol mehr angerührt.

Daran mußte Ewald auch jetzt wieder denken, als er zusammen mit seinem neuen Dienstherrn nach der Fütterung die Einstreu in den Boxen besorgte.

Im Gestüt Schwarzbach war die Matratzenstreu üblich. Auf einer Handbreit Torf wurde eine dicke Schicht Stroh aufgelegt, das die flüssigen Ausscheidungen der Pferde aufsaugen sollte. Der angefallene Kot wurde sorgsam daraus entfernt, so daß die Pferde stets ein sauberes Lager hatten. Zwischendurch wurde auch Torf oder Sägemehl verwendet, was noch bessere Saugkraft besitzt. Vor allem schonten sich auf dem federnden Untergrund die Gelenke und Hufe. Endlich waren Iller und Ewald auch mit dieser Arbeit fertig, ein Grund, auch an das eigene Wohl zu denken.

Frau Iller wartete bereits mit dem stärkenden Frühstück. Danach begaben sich die Männer sofort wieder an die Arbeit.

Jetzt beteiligte sich auch der Senior, der alte Herr Iller. Mit seinen siebzig Jahren verblüffte er durch seine Rüstigkeit und vor allem durch seine geistige Regsamkeit. Er war es auch gewesen, der die langwierige Putzerei der Pferde mit Kardätsche und Striegel durch die elektrische Maschine ablösen ließ. Sie wirkte in gleicher Weise wie die Reinigung von Hand, sie saugte Staub und Körperschinnen sowie abgestorbene Haare und Ungeziefer sofort in einen anhängenden Beutel hinein und führte zu einer beträchtlichen Zeitersparnis. Fast geräuschlos ging diese Prozedur vor sich, und die Pferde ließen es sich gern gefallen, so sanft behandelt zu werden.

Auf diese Weise wuchs ihr Vertrauen in ihre Pfleger. Natürlich wurden Wurzelbürste, Lappen und Schwamm sowie der Hufräumer dadurch nicht überflüssig, wenn es galt, Mähne und Schweif zu kämmen, Nüstern und After oder die Hufe zu reinigen.

Kamen Pferdefreunde und besonders Liebhaber der Vollblutaraber ins Gestüt Schwarzbach zu Besuch, und es kamen oft welche und zuweilen sogar aus Übersee, dann machte sich kaum einer ein Bild davon, welche Mühe sich ihre Pfleger und besonders Ewald mit der „Toilette“ dieser Tiere gemacht hatten, bevor sie sie den Gästen vorführten.

Wenn Laos, der stolze Schimmelhengst, draußen in der Hauskoppel zur Schau gestellt werden sollte, dann kriegte er es fertig, gleich in den ersten Minuten seiner Ungebundenheit sich auf den feuchten Rasen zu werfen, sich im Erdreich hin und her zu wälzen, als wollte er die Anstrengungen seiner Pfleger Hohn strafen. Wenn er schließlich nach seinen Bodenübungen aufsprang, sich schüttelte und ein paar flotte Gänge über die Koppel zog, dann sah er zumeist aus, als würde im Gestüt des Herrn Iller überhaupt nicht auf Sauberkeit geachtet, aber wer wollte sich darüber ärgern?

Ewald lachte nur dazu, nahm den Hengst an den Zügel, reichte ihm im Stall die Haferschwinge und freute sich, daß es dem Galan schmeckte. Der trottete dann wieder in seine Box und wartete auf die nächste Futtergabe.

Der Ewald nahm den Rössern einfach nichts krumm. Ob sie ihn an seinem ergrauenden Haar zupften, ob sie ihm mal auf den Fuß traten, es machte ihm nichts aus. Auch gegenüber den

Fohlen und Jährlingen war er stets freundlich und nachsichtig. Immer hatte er an seinen Lieblingen etwas herumzupusseln — er zupfte Mähnen- und Schweifhaare mit den Fingern heraus, wo sie zu dicht standen, er glättete eingedrehte Mähnen mit feuchter Wurzelbürste, er flocht sie zu kleinen Zöpfen, wenn es nicht möglich war, sie zu glätten, er achtete auf die Fesselhaare, daß sie nicht zu lang wuchsen, oder er rundete die Hufe der Fohlen und Jährlinge mit Raspel und Hufmesser, wobei er darauf achten mußte, daß er nicht den Strahl des Hufes beschnitt. Ja, der Ewald war ein Roßnarr, ohne es recht zu wissen.

Kurz nach elf Uhr — Iller war in die Stadt gefahren, um Besorgungen zu machen — war Ewald mit seiner Arbeit fertig.

Er warf einen Blick durch die Stalltür ins Freie. Draußen stürmte der Märzwind über den Hof, sang in der hundertjährigen, breitwipfeligen Eiche und fegte die dürren Halme über die Weidekoppeln, die sich bis zu den Berghöhen hinaufschwangen. Wenn die Sonne durch die Wolken brach, luden ihre ersten warmen Strahlen zum Verweilen ein.

Ewald traute sich noch nicht, die Pferde wieder ins Freie zu lassen, und erst als der Chef eine Stunde später erschien, wurden auf sein Geheiß die Türen der Boxen geöffnet. Die Pferde schienen längst auf ihren ersten Auslauf gewartet zu haben. Sich frei zu bewegen, im fliegenden Galopp den Wind zu trinken war ihnen angeboren. Es mußte ja nicht der heiße Wind der Sahara sein oder der des Hochlandes Nedschd zwischen dem Roten Meer und dem Persischen Golf, dem Wandergebiet der Beduinen Nordarabiens.

Die tragenden Stuten waren die ersten, die Ewald ins Freie ließ. Kaum hatte er die ersten Boxen geöffnet, da traten sie auch schon, begehrlich die frische Luft schnuppernd, aus dem Stall und jagten sodann mit geblähten Nüstern und flatternden Mähnen das ansteigende Gelände hinauf.

Schon waren sie in der schmalen Koppel. Ewald schloß hinter Fatimah, die als letzte einpassierte, die Stangenumgrenzung. Dann wandte er sich zurück, um die Jährlinge zu holen. Zu viert nahm er sie am Halfter, zwei links, zwei rechts, und er mußte sich ordentlich stemmen, um von dem stürmischen Quartett nicht überrannt zu werden. Sie führte er zur tiefer gelegenen Weide, die der Schwarzbach durchfloß. Schließlich widmete er sich dem Rest der Stallinsassen, den Dreijährigen, die, trefflich gediehen, nur einzeln ihr Freiluftquartier bezogen. Nun war der Stall leer bis auf die beiden Zuchthengste Laos und

Nachbarliche Fühlungnahme auf der winterlichen Koppel

Ihr erster Winter: Jährlinge beim Auslauf

Shaker. Die mußten in ihren Boxen bleiben, um Zwischenfälle mit den übrigen Pferden zu vermeiden.

Der Westwind ballte weiße Wölkchen am blauen Himmel zusammen. Er zauste die Eschen und fuhr durch die Wildrosensträucher an den Kanten der Böschung. Die Pferde störte das nicht. Sie nagten an der weichen Grasnarbe oder knabberten gelangweilt an den Koppelstangen. Erst wenn sie sich dabei ins Gehege kamen, kam auch wieder Bewegung ins friedliche Bild. Dann suchten sie sich am Mähnenkamm zu fassen, griffen nach den Fesseln, keilten hinten aus oder stellten sich, mit den Vorderbeinen schlagend, gegeneinander auf. Die Schwächeren wichen dann meist zurück und legten einen tollen Galopp über die Bahn, daß ringsum die Erde und alte Schneereste aus den Schattenstellen des Bodens flogen.

Die beiden Illers, Vater und Sohn, betrachteten von der Vorlaube ihres Hauses das Treiben am Schwarzberg, der rings um die Koppeln von hohen Fichten umgürtet war. Nichts entging den Männern auf ihrem Platz, auch nicht die düster heranziehenden Haufenwolken, die Niederschlag verhießen.

„Ob sie Regen bringen?“ wollte der Franz wissen und schaute auf das Thermometer an der Wand der Holzveranda. Es war merklich gesunken. Bald waren die ersten Wolken heran. Feines Schneegekriesel sickerte aus ihren Falten, und ehe man sich's versah, war das lustigste Schneetreiben im Gange, ein Grund, die Pferde wieder in den Stall zu bringen.

Die Tiere prusteten und schnaubten, sie schüttelten sich die Feuchtigkeit vom Rücken. Ewald nahm rasch ein paar Strohwische zur Hand und trocknete den Mutterstuten die prallen Leiber.

Ein Dutzend Fohlen

Nun wurden die Pferde täglich auf die nahen Koppeln geführt, auch wenn die Sonne mal nicht schien und zuweilen noch Schnee lag. Die Gewöhnung an die frische, würzige Luft und körperliche Bewegung härteten sie ab und steigerten ihr Wohlbefinden. Nur bei strömendem Regen und Hagelschauern mußten sie im Stall bleiben.

Der Frühling ließ sich bald allerorts ahnen, wenn die Mittagssonne aus dunklen Wolken lugte, die Schneelagen in den Fichtenwipfeln zum Schmelzen brachte, wenn Scharen von Drosseln und Lerchen die aufgetauten Bodenstellen der Wiesen nach Kerfen und Würmern durchsuchten und die Stare im hohen Gezweig der alten Hofeiche schnalzten.

Herr Iller, sein Sohn Franz und Ewald hatten allerdings kaum Zeit für besinnliche Stunden; sie waren von morgens bis abends auf den Feldern; sie harkten die Wiesen, sie pflügten und düngten den Boden zur Aufnahme von Hafer- und Kartoffelsaat. Tagelang schaffte eine Baufirma Waggonladungen groben Kies herbei, um die Zufahrtswege zum Gestüt zu festigen.

So sehr sich Iller um die landwirtschaftliche Arbeit und den Ausbau seines Besitzes kümmerte, seine besondere Aufmerksamkeit galt nun immer mehr seinen Mutterstuten, die bald fohlen mußten, wie es der Kalender anzeigte. Alle Vorbereitungen dazu hatte er bereits getroffen, Desinfektionsmittel, Jod, Schere und Waschzeug bereitgelegt.

Om el Arab war die erste der Stuten, bei der sich Harztröpfchen am anschwellenden Euter zeigten. Aber wenn auch die hübsche Braune in ihrer Box unruhig hin und her trat, lebhaft mit den Ohren spielte und sich öfters ruckartig niederlegte, um kurz darauf wieder aufzustehen, so ließ sie sich doch mit dem Fohlen Zeit.

Iller nahm ihr ungewöhnliches Verhalten zum Anlaß, bei ihr zu bleiben. Bis in den späten Abend hockte er in ihrer Nähe. Es ging auf Mitternacht, als sich die Geburtswege öffneten, eine Wasserblase zerriß und die Vorderfüße und der Kopf eines Fohlens erschienen, das plötzlich auf die von Iller bereitgelegte desinfizierte Gummischürze fiel und sich mühte, in seiner neuen Umgebung Luft zu holen. Sofort entfernte Iller mit seiner Hand den Schleim aus Mund und Nase und drückte mit desinfiziertem Daumen und Zeigefinger den Nabelstumpf fest. Das Aufstreichen von Jodtinktur verminderte die Anfälligkeit für Krankheiten und verleidete der Stute das Ablecken der Wundstelle.

Da das Fohlen noch am ganzen Körper naß war, bestreute es Iller mit Weizenkleie, und kaum hatte Om el Arab den Duft gerochen, da ging sie eifrig mit ihrer Zunge daran, ihr Neugeborenes trocken zu lecken. Sie massierte es am Kopf und im Gesicht, strich es vorn und hinten, rieb ihm die Flanken und war immer wieder bestrebt, Iller nicht nahe an ihr Neugeborenes heranzulassen. Wenn sie auch nicht schlug oder biß, so verstand sie es doch sehr geschickt, ihn mit der Hinterhand wegzudrücken.

Da blieb ihm nichts übrig, als sich aus der Box zu entfernen und von draußen zuzusehen, wie sich das gesunde Stutfohlen nun mühte aufzustehen. Es dauerte fast eine halbe Stunde, ehe es auf allen vier Beinen stand. Doch jetzt fiel es ihm schwer, sein Gleichgewicht zu halten. Wieder fiel es nieder. Iller wollte ihm helfen, aber die Mutter versperrte ihm den Weg. Dann endlich hatte die Kleine ihren Körper in der Gewalt. Sie stand und wagte die ersten Schritte.

Auf halbem Wege kam ihr die Mutter entgegen, und schon begann ein fleißiges Suchen nach ihrem Milchquell. War er vorn zwischen den Vorderbeinen? Wohl nicht. Das Fohlen tastete sich mit begehrlichem Mäulchen am Mutterleibe nach hinten, und dann hatte es das warme, pralle Euter gefunden. Es butzte ordentlich dagegen, einmal, zweimal und ein drittes Mal, um die Milchdrüsen zu öffnen, faßte mit behenden Lippen zu und begann die Kolostralmilch in sich hineinzusaugen. Sie war nötig, um es von dem Darmpech zu befreien, das eine Art Darmverschluß darstellt.

Die ganze Zeit hatte Iller an der Box der Stute verbracht, nun war er müde geworden und ging ins Haus zurück, um die versäumte Nachtruhe nachzuholen.

Als Ewald am Morgen den hellerleuchteten Stall betrat, stutzte er zunächst, dann besann er sich rasch, entdeckte den Zuwachs und freute sich über das hübsche, muntere und zutrauliche Stutfohlen, von dem sein Herr hoffte, daß es ein Gewinn für seine Araberzucht sein würde.

Nicht immer gelangten die Fohlen so glatt zur Welt. Zuweilen mußte Iller mit seiner Hand nachfassen, umgeknickte Gliedmaßen in gerade Richtung bringen, die Vorderbeine in gleiche Ebene ziehen und stets darauf achten, daß der Geburtsablauf so beschleunigt wurde, daß das Neugeborene nicht erstickte. Da war mit Aufgeregtheit und Hast nichts getan; denn jeder Griff erforderte Geistesgegenwart und große Geschicklichkeit, um Stute und Fohlen zu schonen.

Wenn Iller auch ein kundiger Geburtshelfer in der Pferdezucht war, so ließ es sich in einzelnen Fällen nicht vermeiden, daß der Tierarzt geholt werden mußte.

Die größte Überraschung hatte im Vorjahr die Stute Etica verursacht. Sie fohlte im Mai mitten auf üppiger Weide, ohne daß Ewald und Iller etwas vorher davon geahnt hätten; denn auf der Stalltafel war der Geburtstermin für eine ganze Woche

später notiert. Als sie gegen Abend zusammen mit den anderen Stuten zum Stall geführt werden sollte, tummelte sich bereits ihr Sprößling an ihrer Seite, quirlte mal vor, mal zurück und tat ganz fremd, als Ewald ihn anfassen wollte, in der Meinung, daß sich der muntere Springinsfeld wohl verlaufen haben müßte. Erst in der Box löste sich das Rätsel zur Freude aller.

Als diesmal der Mai über die grünenden Wiesen des Gestüts zog, hatten bereits alle Mutterstuten ihre Fohlen zur Welt gebracht. Zwölf gesunde Fohlen konnte Iller seiner Zucht zurechnen; die Mehrzahl waren Stuten, die etwas höher im Preise stehen.

Schon bahnten sich neue Paarungen an, und Ewald meisterte die schwierige Aufgabe, neben dem Weidegang auch richtig zu füttern und jedem Pferd seiner Eigenart entsprechend gerecht zu werden.

Bereits im Alter von zwei bis drei Wochen nahmen die Fohlen etwas Hartfutter auf. Die Portionen steigerten sich. Außer dem gequetschten Hafer mochten sie weiches Heu, Weizenkleie und Leinsamenschrot. Es wurde ihnen in gesonderter Krippe gereicht, damit ihnen die Mütter die leckere Kost nicht stibitzen konnten. Deshalb wurde die Krippenöffnung oben mit einem Lattenrost versehen, dessen Schlitze so eng waren, daß nur das Fohlen mit seinem Maul hindurchfand, wenn es abends vom Weidegang in den Stall kam.

Der Aufenthalt auf den Koppeln behagte den Jungtieren genauso wie den Stuten und Hengsten. Kaum hatten die Stalltore sich geöffnet, drängten sie begehrlich ins Freie hinaus. Die Fohlen hielten sich zunächst an der Seite ihrer Mütter. Darin machten Ibn Kayed, Zaschar, Habashi und Mishitta, Elissa,

Bassima, Mirwana und die übrigen Fohlen gar keinen Unterschied. Ihr Selbstbewußtsein war noch nicht entwickelt.

Erstaunlich war ihre Gelenkigkeit auf den knotigen Stöckelbeinen. Ihre kurzen Schrittchen glichen dem Takt einer Nähmaschine. Anfangs, als sie noch keine Lust zeigten, den süßen Gräsern und Kräutern der Wiesen zuzusprechen, standen sie meist im Schatten ihrer Mütter; aber als vierzehn Tage verstrichen waren und sie sich nicht nur in den Örtlichkeiten ihrer Umwelt auskannten, sondern auch die ersten Kontakte mit ihresgleichen aufgenommen hatten, erwachte ihr Bewegungstrieb zusehends.

Die älteren unter ihnen wie Hamina, Gazella und Omera entfernten sich bereits von ihren Müttern, liefen zu den Nachbarn, beschnupperten sie vorn und hinten, stupsten sie mit ihren Mäulern oder nestelten mit den Lippen an deren Mähne, bis sie ihre Annäherungsversuche erwiderten oder sich mit neckischer Bewegung zurückzogen.

Oft gab es dann ein wildes Haschen über Stock und Stein, bis Verfolger und Verfolgter plötzlich innehielten und nach ihren Müttern ausschauten. Meist fanden sie sie, aber es kam auch vor, daß sie bei einer fremden Stute vorsprachen und an deren Milchquell naschen wollten. Da gab es meist rasch eine Abfuhr, und erschreckt sprang der Dreistling davon, begann kläglich zu nuckern, stellte sich gegen den Wind und lauschte auf eine mütterliche Antwort. Kaum war sie gekommen, so setzte das Fohlen mit Ungestüm seiner Erzeugerin nach und suchte Schutz und Sättigung.

Sättigung macht bequem, wenn nicht gar faul, ein Grund, sich niederzulegen und zu ruhen. Längelang hingestreckt, schliefen sie hier und dort auf den sonnigen Hängen der Waldwiese im

Schutze ihrer grasenden Mütter und hatten alles um sich vergessen. Selbst die summenden Fliegen vermochten sie nicht aus ihrer Siesta zu wecken. Erst ein unsanfter Anstoß eines Gespielen riß sie aus ihrer Abgeschiedenheit.

Verwundert schaute Mishitta zu dem Störenfried Habashi auf. Was wollte das fuchsbraune Hengstlein von ihr? Sie schaute den etwas stärkeren Artgenossen an, als er sie abermals mit dem Kopfe schubste. Schon war sie vorn aufgestanden, stemmte mit den Hinterläufen nach, reckte und streckte sich und folgte dem voraustrabenden Hengstlein.

Unweit von ihnen schäkerten zwei Stutchen, bis sie im Widerstreit ihrer Gefühle sich gegeneinander aufstellten, als wollten sie sich den Vorrang abkaufen. Aus einiger Entfernung beobachtete der kleine Hazim el Arab ihren Streit. Stolz in seiner Haltung, versprach der Fuchs ein Abbild seines Vaters Shaker el Masri zu werden.

Iller war sich dessen bewußt, als er am Waldrande seines Besitzes entlangritt, um den Holzfällern Anweisung zu erteilen, Koppelstangen zu schlagen. Als er zurückkehrte, überraschte er ein Fohlenquartett, das sich an den Deckeln der Senkbecken zu schaffen machte. War es ein Zufall, der sie hier zusammenführte, oder offenbarten sie ihren Herdentrieb?

Der regelmäßige Weidegang förderte das Wachstum der Fohlen. Ihre Körper und Gliedmaßen streckten sich. Ihr anfangs noch wolliges Fell machte glattem Sommerhaar Platz. Wie Seide glänzte es auf den sehnigen Leibern, die kein Quentchen Fleisch zu viel und keins zu wenig hatten.

Jeder der vielen Ferienurlauber, die auf ihren Wanderungen durch den Schwarzwald an den Koppelzäunen entlangspazierten,

fühlte sich, auch ohne fachkundig zu sein, von der Schönheit dieser Zuchtpferde angezogen.

Zu gern versuchte der eine oder andere unter ihnen, unkundig, wie er war, die Tiere mit Süßigkeiten zu erfreuen. Iller verwünschte diese Unsitte, da diese unsachgemäße Art, Pferde zu füttern, schwere Verdauungsstörungen nach sich zieht. Deshalb sah er sich genötigt, an den Waldwegen Verbotstafeln anzubringen und mit strafrechtlicher Verfolgung zu drohen.

Der Sommer überschritt seinen Höhepunkt. Der rote Hirschholunder hielt seine reifen Beeren feil. Die Fingerhutstauden verblühten in den Spitzen ihrer meterlangen Blütenschäfte. Das duftige Weidenröschen verblaßte und überließ sein silbriges Samengeflock den Winden, die über die Höhen des Berglandes strichen. Drosseln und Häher scharten sich. Auf den Feldern knallte es. Die Rebhuhnjagd war beendet, jetzt galt die Hatz den Hasen.

Die Fohlen des Gestüts Schwarzbach hatten sich körperlich gut entwickelt. Keine Lähme, keine Wurmkrankheit hatte sie belästigt, auch keine Lungenentzündung war aufgekommen. Der Muttermilch völlig entwöhnt, waren sie allesamt befähigt, nunmehr selbständig zu fressen und sich zu ernähren.

Iller sah Ende Oktober den Zeitpunkt für gekommen, sie von ihren Müttern zu trennen. Mit einiger List gelang es ihm und Ewald, seinem getreuen Helfer, sie jeweils zu viert in die leeren Boxen in der benachbarten Scheune zu sperren. Zwar merkte man den Fohlen an, daß ihnen die Trennung naheging — sie wirkten anfangs verstört, aber der Umgang mit den Altersgenossen ließ sie schnell die Mutterbindung vergessen, und bald hatten sie sich an ihre Selbständigkeit gewöhnt.

Im Ursprungsland der Araberpferde

Kahlgeschoren lagen die Wiesenhänge unter dem düsteren Novemberhimmel, und eines Tages trieb heftiges Schneegestöber die Araberherde vom Auslauf in ihre Stallungen zurück. In einer Höhe von fast 1 000 Metern über dem Meeresspiegel war der rauhe Winter eher über Schwarzbach gekommen als in die Täler von Schramberg, Stuttgart oder Marbach, wo sich das Württembergische Landesgestüt befindet, das auch Vollblutaraber züchtet.

In diesen Tagen wurde Iller durch den Besuch eines ausländischen Züchters überrascht, der vom Anblick des Hengstes Laos ganz begeistert war und ihn unbedingt kaufen wollte. Für den Züchter kam dieses Angebot unerwartet; bisher hatte er an den Verkauf des Hengstes noch gar nicht gedacht. Er zögerte. Sein Vater riet ihm zu, da Laos als Schimmelhengst nicht so recht in die braune Palette der Füchse hineinpasse und sicherlich anderswo bessere Verwendung fände als hier.

Nach einigem Überlegen kam der Schwarzbacher zu dem Schluß, daß ihm das Angebot gar nicht ungelegen kam, da er schon seit einiger Zeit mit dem Gedanken spielte, von einem arabischen Gestüt einen neuen Zuchthengst zu erwerben. Er willigte ein und gab den Schimmelhengst Laos zu einem sehr guten Preis ab.

Der Erlös hatte ihn nun in die Lage versetzt, sein Vorhaben sofort zu realisieren, und so traf er schon in den nächsten Tagen die Vorbereitungen für die Reise nach Ägypten. Er war bereits von seiner ersten Orientreise her über die dortigen Zuchtverhältnisse gut informiert.

Das Ursprungsgebiet der arabischen Pferdezucht liegt im Hochland von Nedschd zwischen dem Roten Meer und dem Persischen Golf, etwas nördlich der Strecke von Medina nach El Riad. Dort und auch im Raum der nördlich vorgelagerten Nefud-Wüstensteppen, hat sie im Verlauf ihrer Geschichte ihre Blütezeit, aber auch manchen Tiefstand erlebt. Mit dem Seßhaftwerden der nomadisierenden Beduinenstämme, die ihren Reichtum in besonders edlen Pferden sahen, gerieten die Sippen oft in kriegerische Auseinandersetzungen. So wurden in den heftigen

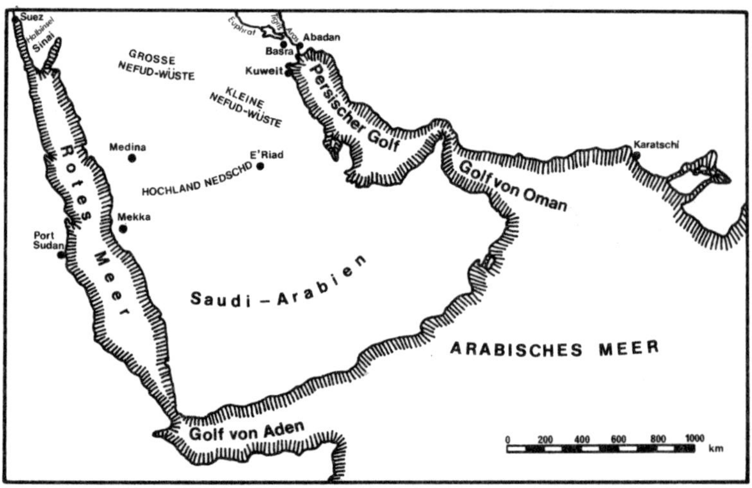

Kämpfen der Rualas gegen die Matari und Saba Anazas im Jahre 1929 auch 200 wertvolle Zuchtstuten getötet.

Immerhin lassen sich noch drei Urstämme früherer Pferdezucht erkennen. Der Kuheylan, den Antilopen ähnlich im Umriß, ist durch seine feuchtschwarze Haut unverkennbar. Seine Augenlider glänzen, als wären sie mit Antimon, mit Kuhl, gefärbt. Die Vertreter dieses Pferdestammes zeigen männliche Züge. Das Pferd des Saglawi-Stammes unterscheidet sich durch tiefe Flanken, es handelt sich alles in allem um einen weiblichen Typ, der sich gut füttern läßt, während das Muniqi-Pferd durch seinen langen, groben und kantigen Kopf und seinen langen Hals auffällt und sich durch große Schnelligkeit auszeichnet.

Für Kenner mögen diese Unterscheidungen selbstverständlich sein; dem Laien hingegen, dessen Blick nicht geschärft ist, sagen sie kaum etwas. Franz Iller hatte aufgrund seiner vieljährigen Erfahrung einen unbestechlichen Blick für den Pferdetyp, den er brauchte, um seine Zucht auf der Höhe zu halten.

In den arabischen Zuchtgebieten, die in gleicher Höhe liegen wie das Gelände um den Schwarzbach, herrscht ein kontinentales Trockenklima, mit regenarmem Sommer, großem Temperaturgefälle zwischen Tag und Nacht und häufigen Westwinden aus den afrikanischen Wüstengebieten. Im Dezember und im Januar überziehen Winterregen und Schneefälle das Nedschd-Hochland, und die Temperatur fällt bis zu minus zehn Grad. Bieten die ausgedehnten Wüstensteppen, die 70 000 Quadratkilometer große Nefud-Steppe und die Rub'al-Khali-Steppe mit ihren 800 000 Quadratkilometern Fläche, auch keine Lebensmöglichkeiten für Pflanzen, Tiere und Menschen, so bieten sich die oasenartigen Hochlandtäler des Nedschd mit ihrem kalkreichen Lehmboden für die Pferdezucht geradezu an.

Im Frühjahr und im Herbst entfaltet sich hier eine üppige Vegetation. Luzerne, Gerste, Klee und Thymus, die an den Berghängen wachsen, liefern ideales Futter für die Pferde. Außerdem werden die Pferde mit Möhren und Datteln, mit Kamel- und Ziegenfleisch sowie mit Heuschrecken gefüttert. Frische Kamelmilch tut den Fohlen besonders gut, die in der Zeit von Anfang April bis Ende Juni geboren werden. Als erstes Zufutter bekommen sie während der Säugezeit meistens Gerstenmehlbrei, der statt mit Wasser mit Sauermilch angerührt wird oder mit einer Suppe aus gekochtem Kürbis oder Aprikosen. An die ausgewachsenen Tiere werden schließlich fünf Kilogramm Gerste und fast ein halber Zentner an Maisstauden verfüttert, um sie stark und ausdauernd zu machen.

Alter Sitte gemäß werden die Ohren der Fohlen von unten mit Fäden gebunden, damit sie besser stehen. Wenn die Fohlen drei Monate alt sind, werden sie von der Stute genommen und mit einem Fuß an das Zelt des Besitzers gefesselt; im zweiten Lebensjahr werden ihre Vorderbeine gegen Flucht und Diebstahl mit Schloßfesseln gekoppelt.

Im Alter von einem Jahr wird den jungen Pferden zum ersten Mal ein Strickhalfter umgelegt; ein Jahr später werden sie unter der Satteldecke an den Reiter gewöhnt, um einige Monate darauf an der Seite ihrer Mutter den weit ausholenden Schritt zu erlernen. In dieser Gangart legen sie dann sechs bis acht Kilometer in der Stunde zurück.

Mit all diesen züchterischen Besonderheiten war Iller längst vertraut, als er seine zweite Reise nach Ägypten antrat. Der Flug ging von Frankfurt über Athen nach Kairo. Im Gegensatz zu seiner ersten Flugreise war diesmal von den Alpen nahezu nichts zu sehen; eine dichte Wolkendecke versperrte den Blick hinab. Als sich der Wolkenschleier schließlich öffnete, war bereits die Lagunenstadt Venedig zu sehen, die sich wie aus einem Spielzeugkasten ausnahm. Leicht gewellt blaute die Adria. Das farbenfrohe Panorama, das sich dem Fluggast bot, zeigte, daß man vom nordischen Winter bereits weit entfernt war.

Athen war gegen Abend erreicht. Die Landung vollzog sich glatt; der Aufenthalt war kurz. Dann startete die Maschine zum Weiterflug. Nur wenige Passagiere waren zugestiegen. Nach einer guten Stunde landete die Maschine auf dem Zielflughafen in Kairo.

Es war dunkel, als er das Flughafengebäude verließ und sein Quartier aufsuchte, das er telegrafisch in der Nähe des Airports Kairo vorbestellt hatte. Müde von der Reise begab er sich nach dem Bad sofort zu Bett.

Am nächsten Vormittag fuhr er mit einem Taxi nach El Zahraa, dem Staatsgestüt, wo ihn der Gestütsleiter als alten Bekannten freundschaftlich begrüßte und seine Wünsche aufmerksam anhörte. Es waren noch mehr Interessenten anwesend, die im kleinen Pavillon tranken und rauchten, erregte Gespräche miteinander führten und sich an dem vorgeführten Zuchtmaterial begeisterten.

Da war zum Beispiel der Hengst Sharawi, silbern wie der Mond, ein feingeadertes Pferd mit herrlich ausdrucksvollem Kopf und feinen, trockenen Gliedmaßen, das das Entzücken aller Anwesenden erregte. Man bot Dr. Mohammed Marsafi, dem Leiter des Gestüts, einen hohen Preis, man steigerte sich in utopische Zahlen, aber er winkte lächelnd ab. „Gentlemen, unfortunately not for sale!“ — Leider unverkäuflich! — war die unmißverständliche Antwort. Das gleiche galt für den kräftigen braunen Hengst Ezzel el Arab, dessen Haarkleid wie Seide glänzte, wie auch für Achotmos und ebenso für den Hauptbeschäler Alaa el Din, einen Fuchs mit herrlich gelegter Mähne und langem Fasanenschweif. Wie feurig leuchtete sein Auge, wie elegant war sein Schritt!

Der Anblick der herrlichen Geschöpfe nahm die Gäste gefangen. Da griff mancher Kaufinteressent zum Rechenstift und warf hastig ein paar fünf- und sechsstellige Zahlen auf Papier, um sich einen finanziellen Überblick über Soll und Haben zu verschaffen und die Anschaffung eines Zuchtpferdes durchzukalkulieren. Da schwirrten Summen, Unsummen durch den Saal. Da zogen sich einige Herren mit ihren Damen zurück, um sich wegen des Kaufangebots zu besprechen, nachdem der Gestütsleiter weggerufen worden war.

Später durften die Gäste auf den trockenen Sandausläufen die Pferde bewundern, die in Heliopolis, keine zehn Kilometer von Kairo entfernt, das Bluterbe ihrer edlen Ahnen aus der Hochebene des Nedschd in sich trugen, Stuten, Fohlen, Jährlinge, Zwei- und Dreijährige. Mehr als zweihundert Tiere waren es, die unter der drückenden Sonne Ägyptens den Gästen vorgeführt wurden.

In der tropischen Glut, die an solchen Tagen herrscht und schon im Schatten das Thermometer auf vierzig und mehr Grad emporschnellen läßt, sammelten sich dann die Pferde um große, ausgemauerte runde Brunnen, aus denen die Pferde tranken und wo sie, mit den Beinen im Wasser stehend, sich das Futter reichen ließen.

Als Dr. Marsafi wieder erschien, wurde er mit Fragen bestürmt. Freundlich gab er auf alle erschöpfend Auskunft, nannte Preise, ließ die Interessenten bieten und überbieten und gab schließlich den Zuschlag. Bald stellte sich heraus, daß doch mehr Pferde zum Verkauf angeboten wurden, als ursprünglich hatte vermutet werden können. Offenbar hatte die Aussicht auf hohe Dollar-Erlöse das Landwirtschaftsministerium, wohin sich der Gestütsleiter gewandt hatte, bewogen, an Zuchttieren abzugeben, was entbehrt werden konnte.

Und so war auch Franz Iller mit dem Geschäft zufrieden, das er gemacht hatte. Er hatte den zweijährigen Hengst Mehiar gekauft, einen Sohn des ausgezeichneten Hengstes Alaa el Din und der Stute Mohga.

Bevor sich Iller verabschiedete, hatte er die Abmachungen über den Lufttransport des Hengstes besprochen, und bevor er

dann seinen Rückflug nach Europa antrat, kaufte er auf dem nächsten Basar noch ein paar Geschenke für seine Familie zu Hause.

Dort hat der früh hereingebrochene Winter die Temperaturen bis weit unter Null sinken und den Boden hart gefrieren lassen. Da war auch wieder für die Vollblutaraber Gelegenheit, sich in der Mittagszeit einige Stunden lang in den Koppeln zu bewegen.

Familienidylle

Wer so viele edle Pferde, die ja ein Kapital von unschätzbarem Wert darstellen, besitzt wie Herr Iller vom Gestüt Schwarzbach, der muß darauf achten, daß die hohen Unkosten, die ihre Unterhaltung verursacht, wieder ausgeglichen werden, kurz gesagt, er muß verkaufen, was über sein Vermögen geht.

So war Iller nicht abgeneigt, den Wünschen zahlungskräftiger Besucher nach wertvollem Zuchtmaterial entgegenzukommen, soweit dies aus züchterischen Erwägungen möglich war. Natürlich vergewisserte er sich zuvor, ob die einzelnen Interessenten in der Lage und fähig waren, ein Pferd richtig zu pflegen.

Frau Susanne Terbowen, die Witwe eines ostpreußischen Obersten, stammte aus einer begüterten Bauernfamilie. Sie wohnte abseits des Dorfes auf einem einsamen, erst jüngst erstandenen Hof, zusammen mit ihrem Sohn, der in der nahen Universitätsstadt Landwirtschaft studierte. Sie interessierte sich sehr für die zweijährige Fuchsstute Mirwana, obwohl ihr der geforderte Preis anfänglich einen Schrecken einjagte. Aber schließlich überwand der Wunsch, dieses fehlerlose Tier zu besitzen, nach einem kleinen Preisnachlaß alle Bedenken, und die Stute siedelte in die neue Umgebung über.

Eine Garage diente Mirwana zunächst als Unterkunft. Vier kahle Wände und eine Schiebetür machten den Raum sehr nüchtern. Ein großes Fenster ließ zwar viel Licht, aber auch Zugluft herein. Da es zum Herbst ging und die Gefahr einer Erkältung bestand, sorgte Frau Susanne stets für eine dicke Einstreu auf dem Zementfußboden. Ihre liebevolle Pflege entschädigte für die nüchterne Unterbringung, bis der neue Stall aus Holz fertig war.

Mirwana war wirklich eine hübsche Stute. Jeder von Susannes Bekannten, und es waren genug Pferdekenner darunter, konnte sie nur loben. Mirwanas blauschwarze Haut, von einem feinen Adernetz durchwirkt, bestätigte ihren Kuheylantyp, der durch die leicht fallende Mähne, durch lange Wimpern und dichten Haarschutz der kurzen aufrechten Ohrmuscheln ebenso unterstrichen wurde wie durch die nackte Umgebung der Augen, der Nüstern und des Maules. Auch das Fehlen der Hornkastanien an den trockenen Beinen war ein weiteres gutes Abstammungszeichen.

Wenn man sie auf dem Hof betrachtete, ihre zierlichen Schritte verfolgte und vor allem das gelöste Spiel ihrer jugendlichen Glieder beobachtete, dann erkannte man bereits die edle Rasse des Tieres.

Die Frau des Hauses wollte die Stute, schon um ihrer eigenen Gesundheit willen, natürlich selber reiten, aber da Mirwana noch etwas zu jung für diesen Sport erschien, mußte sie entsprechend vorbereitet werden.

Deshalb wurde sie täglich an der Longe geführt. Gesattelt und auf Trense gezäumt, mußte die Stute täglich an einer etwa zehn Meter langen Leine aus Gurt, die mit einem Ende am Trensenring eingeschnallt wurde, während das andere in der Hand von Frau Susanne oder der ihres Sohnes lag, auf einem gleichbleibenden Kreisbogen im Schritt, wie auch auf Kommando im Trab und Galopp laufen lernen. Durch besondere Ausbindezügel — rechts und links von den Trensenringen auf der einen Seite und auf der anderen am breiten über den Sattel gezogenen Longiergurt befestigt — war es möglich, durch Verkürzen oder Verlängern der Zügel die Haltung der Stute zu verbessern.

Durch wechselnden Tonfall der Stimme, auch durch leichte Peitschenhilfe verstand es Frau Susanne, Mirwana dahin zu bringen, daß sie mehr und mehr an den Zügeln Anlehnung suchte, was später beim Reiten von großer Wichtigkeit war. Außerdem lernte sie, sich auch mit Zaum und Zügel ungezwungen zu bewegen.

Frau Terbowen drehte sich beim Longieren in der Mitte des Zirkels um ihre eigene Achse, wobei sie ständig darauf achten mußte, mit dem sich bewegenden Stutenkopf in gleicher Höhe zu bleiben. Wollte Mirwana mal eigenwillig aus ihrem Zirkel drängen, dann wurde sie rasch wieder in den Kreis zurückgeholt. Wenn sie eine Stunde in allen drei Gangarten gearbeitet worden war, dann prustete sie vor Vergnügen. Kurz abgerieben, konnte sie dann an der Selbsttränke ihren Durst an vorgewärmtem Wasser löschen und das gereichte Futter fressen.

Nachdem die Stute auf beiden Händen ausgebildet war, kam die Zeit, da sich Mirwana an die Körperlast ihrer Reiterin gewöhnen mußte. Zunächst longierte Rudolf, der Sohn, die Stute auf dem Zirkel, während Frau Terbowen ohne Zügel und Schenkeldruck im Sattel saß. Im Verlauf der Übungen verhielt sich Rudolf beim Longieren immer mehr passiv, während seine Mutter nun zunehmend mit Schenkel und Zügel auf die Stute einwirkte.

Mirwana war sehr gelehrig, sie lernte die Lektionen schnell, so daß sie bald ohne Longe geritten werden konnte. Bald unternahm Frau Susanne mit Mirwana die ersten Ausritte in die bergige Umgebung. Mit der Zeit dehnte sie diese Ausritte immer weiter aus.

Im Sommer wurde noch ein zweites Pferd hinzugekauft, der Hengst Rubin. Er fühlte sich sofort als Pascha und zeigte stolzes Imponiergehabe. Nicht daß er sich unbotmäßig betragen hätte, er schlug nie und biß nicht.

Erstaunlich war Mirwanas Verhalten, wenn Stuten auf dem Hof „zu Besuch" waren. Dann zeigte sich Mirwana stets ungebärdig und aufsässig. Sie beruhigte sich erst dann wieder, wenn die Besucherinnen den Hof verlassen hatten. Wurde Rubin darauf wieder in seine Box geführt, dann schenkte ihm die Stute den ganzen Tag über keine Beachtung.

Mirwanas Zuneigung zu Frau Susanne war augenfällig. Sie konnte getrost unterwegs beim Rasten auf einer Waldlichtung, auf einer Wiese am Bachufer oder wo es auch sonst sein mochte, abgesattelt werden, um frei grasen zu können; es fiel der Stute niemals ein, davonzulaufen oder sich aus dem Umkreis ihrer Herrin zu entfernen. Geriet sie doch einmal seitab, so genügte ein Ruf, und sie war wieder da, was Pferden anderer Rassen nicht ohne weiteres nachgesagt werden kann.

Nicht nur zu ihren Betreuern hatten Mirwana und der Hengst Rubin ein gutes Verhältnis, sondern auch zu den Persischen Windhunden Sluki, Esfandi und Gora. Die drei Hunde freuten sich immer sehr, wenn sie die beiden Araber vor sich herjagen konnten. Rubin und Mirwana liefen jedoch nicht aus Angst, sondern nur aus Spaß. Hatten sie keine Lust zum Spiel, so gingen sie einfach im Schritt und teilten Lufthiebe aus, wenn

ihnen die Meute zu nahe kam, allerdings dachten sie gar nicht daran, den Kläffern wehe zu tun.

Rubins besonderer Liebling war die Hündin Gora. Meist lief sie ihm voraus bis zur nächsten Koppelecke und wartete auf die Reiter. Waren sie heran, so ging die Hetze los. Dabei sah sich der Hengst immer wieder nach Gora um, ob sie ihm auch zu folgen vermochte. Blieb sie hechelnd zurück, so mäßigte er sofort seinen Galopp und ließ sie näherkommen, um erneut davonzupreschen. Frau Susanne und ihr Sohn machten solche Jagden begeistert mit und ließen ihren Pferden die Zügel. Waren die Hunde genug gefordert und die Pferde warm geworden, dann drosselte sich das Tempo des Ausritts von selber, und in gemächlichem Schritt ging es zurück zum Hof.

Vom Ponystall zur Reiterpension

Wer als Kind mit Pferden groß geworden ist, mag sie als Erwachsener nicht missen, wenn er ihre Unterhaltungskosten bestreiten kann. Nicht viele werden sich ein eigenes Pferd leisten können; einige jedoch sind bereit, jedes Opfer zu bringen, um sich ein Pferd halten oder doch wenigstens regelmäßig reiten zu können.

Das Ehepaar Constantin, jung verheiratet, war ein pferdenärrisches Gespann, obwohl Karl nicht aus dem Pferdeland Ostpreußen stammte und seine Frau Cornelia auch nicht auf einer Bauernwirtschaft groß geworden war. Aber in beiden pochte das Blut pferdeseliger Ahnen, und so berieten sich die beiden, wie sie es wohl am besten anstellen müßten, um sich ihren größten Wunsch erfüllen zu können.

„Cornelia, wir müssen halt sparsam wirtschaften", meinte Karl zu seiner Frau, und er war sehr damit einverstanden, daß sie in einem großen Elektrowerk eine Stellung als Sekretärin annahm, obwohl Constantin als Geschäftsführer einer Raiffeisengenossenschaft nicht schlecht verdiente.

Monatlich zweigten beide einen nicht unerheblichen Betrag ihres Einkommens auf ein Sonderkonto ab. Nach einigen Jahren

Sorglos hingestreckt: noch ist die Mutter dabei ...

Der Hengst Sharawi bei der Vorführung

war es dann soweit. Sie nutzten die Gelegenheit, eine heruntergewirtschaftete Mühle, die „Funkenmühle“, preiswert zu erstehen.

Wer Pferde halten will, dem ist mit dem Hofgrundstück und den Stallungen allein nicht gedient; er tut gut daran, auch ein Wiesengelände zu kaufen oder zu pachten. Außerdem muß er über ausreichende Geldreserven verfügen, um Hafer und Häcksel kaufen und den Tierarzt bezahlen zu können.

Zunächst waren es Ponys, die einen Stallraum bevölkerten. Waren die drei Pferdchen anfänglich auch keine besondere Augenweide, so verloren sie ihre Hungerfalten doch recht bald unter der sorgsamen Pflege ihrer neuen Besitzer, und ehe ein halbes Jahr vergangen war, waren Hansi, Pollux und Castor nicht wiederzuerkennen, so rundlich waren ihre Leiber geworden und so seidenglatt ihre braun und weiß gefleckten Haardecken. Alle Kinder in der näheren und weiteren Umgebung waren von ihnen entzückt, und täglich wurde der Wunsch geäußert, auch einmal auf richtigen Pferden reiten zu dürfen.

Dieser Wunsch, der vielfach auch von Erwachsenen vorgebracht wurde, war schließlich nicht mehr zu überhören. Herr Constantin und seine Frau erstanden einige Pferde, kauften Sättel und Geschirre und machten ein Gestüt auf.

Das Geschäft lief besser als gedacht. Die Gewinne wurden sofort dazu verwandt, die alte Mühle weiter auszubauen und die Stallungen zu vergrößern. Der Fortschritt war nicht zu übersehen. Der Reitbetrieb wurde nun methodisch aufgezogen, da Herr Constantin über die nötige Lizenz verfügte. Er erfolgte nach festem Stundenplan von früh bis in den späten Abend hinein, so daß die Constantins froh waren, wenn sie mal eine Verschnaufpause hatten.

Als das Ehepaar bei einem Winterausflug, eigentlich mehr aus Neugierde, auch das Arabergestüt Schwarzbach besuchte, waren Mann und Frau begeistert von den schönen, herrlichen Vollblutpferden mit ihrem graziösen Schritt und den spielerischen Bewegungen. Die Sprache verschlug es ihnen freilich, als man auf ihre bescheidene Frage ihnen Kaufpreise nannte, die alle Hoffnungen auf den Erwerb eines Araberpferdes zunichte machten . . .

Ein wenig gedemütigt kehrten die Constantins zurück, aber der Wunsch war nun einmal geboren, Vollblutaraber zu besitzen. Der Wunsch wuchs, die Gewinne, die der Reitbetrieb abwarf, stiegen auch, und eines Tages drängte die Frau ihren Mann zum Kauf. Sie besuchten ein zweites Mal das Gestüt Schwarzbach, und diesmal kehrten sie mit dem zweijährigen Araberhengst Nurabi zurück, einem Sohn der Stute Om el Arab, was auf deutsch „Mutter aller Araber" heißt.

Noch war Nurabi ein dunkelhäutiges Pferd mit Marmoräderung, aber in ein paar Tagen würde er schon aus großer Ferne sich als schlohweißer Schimmel von den anderen Pferden abheben; das war gewiß.

Nurabi war schuld daran, daß seine Besitzer von einer unheilbaren Krankheit befallen wurden — der „Arabitis", wie sie in Pferdezüchterkreisen scherzhaft genannt wird. Es ist die Sucht, für seine Araberpferde alles zu tun, alles andere darüber zu vergessen, nichts anderes mehr gelten zu lassen als sie: die Araberpferde.

Darum bekam Nurabi den schönsten Stall mit einem großen Fenster und grünen Holzläden, wie er es vom Gestüt her gewohnt war. Seine Box lag neben der Toreinfahrt der Funkenmühle, so daß die Besucher ihn bereits auf dem Weg zu dem alten Bauernhof in dem quadratischen Fensterausschnitt erkennen konnten.

Seit das Ehepaar Constantin die Funkenmühle in einen Pferdehof verwandelt hatte und in den großen Tageszeitungen ebenso wie in den Fachzeitschriften auf den Reitbetrieb aufmerksam gemacht hatte, strömten hauptsächlich aus den Großstädten und besonders in den Ferien Kinder herbei, die Pferde fast nur aus Bildern und Büchern und vom Fernsehen her kannten.

Die Pferde hatte Karl Constantin so ausgesucht, daß für die etwa fünfzehn sieben- bis dreizehnjährigen Jungen und Mädchen — mehr konnte er nicht aufnehmen — ihrer Größe und ihrem Alter entsprechend bestimmt ein passendes dabei war. Wenn auch ein vollendetes Reiten in der verhältnismäßig kurzen Zeit von vier Wochen nicht möglich war, so lernten die Kinder doch zunächst einmal, wie man solch ein wertvolles Tier füttert, putzt, ihm Streu gibt und wie man es behandeln muß. So wurden die Jungen und Mädchen im Umgang mit den Pferden von ihrer Scheu befreit; Reiten wurde etwas Selbstverständliches für sie.

Anfänglich zögerte Constantin, den nunmehr dreijährigen Nurabi bei diesen Veranstaltungen mit einzusetzen, aber nach den ersten Proben ließ sich der von ihm an der Longe gut vorbereitete Hengst so gut an, daß keine Bedenken dagegen bestanden.

Fritz Volters, Gunnar Bender, Sigrid Schnapp und Tatjana Lewandow waren schon zum zweiten Mal zu einem Reitkurs auf dem Pferdehof. Da sie bereits Übung im Umgang mit Pferden hatten, waren sie auch die ersten, die auf dem Araberhengst voltigieren durften. Unter Voltigieren versteht man das Turnen am galoppierenden Pferd, das, mit einem besonderen Gurt versehen, an der Longe im Kreise läuft. In die beiden Handgriffe des Ledergurtes greifen die Kinder beim Aufspringen auf den Rücken des Pferdes und üben darauf den Reitsitz, den Schrägsitz, das Stehen und Knien, das Ausbalancieren, die sogenannte Schere, die beidseitigen Flanken sowie den Absprung. Diese Voltigierlektionen sind eine gute Vorübung für das spätere Reiten, aber auch eine wertvolle Ergänzung des Reitunterrichts selbst.

Bei diesen Voltigierübungen bestätigte sich, was das Ehepaar Constantin bereits festgestellt hatte — daß der Araberhengst erstaunlich friedfertig und gutartig war, wenn er unter Constantins Aufsicht an der Longe seine Runden drehte und die Kinder beim Drehen und Wenden auf seinem Rücken nicht immer sanft mit ihm umgingen. Es störte ihn keineswegs, wenn einer seiner jungen Reiter bei der Schere oder beim Kopfstand ihm gegen die Rippen stieß. Er prustete dann höchstens mal etwas heftiger; aus der Ruhe bringen ließ er sich nicht. Und wenn er nach der Lektion einen Keks oder eine Möhre erhielt, dann wurde er fast zärtlich, senkte den Kopf zu seinem jugendlichen Reiter, oder rieb ihn an seiner Schulter, oder leckte ihm das Gesicht.

Am besten harmonierten Nurabi und Tatjana miteinander. Tatjana warf sich nicht wie ein Plumpsack in den Sattel, sondern ließ sich sehr sanft aus dem Bügel auf das geschwungene Leder nieder. Ihre Schenkelarbeit war nie hastig. Sie killerte ihn auch nicht mit den Stiefelspitzen, gewandt saß sie über seiner Kruppe ab und zeigte dabei eine erstaunliche Geschmeidigkeit. Bei flotter Schallplattenmusik gaben Tatjana und Nurabi ein bildschönes Paar ab, so daß Herr Constantin Herrn Lewandow riet,

seiner Tochter eine methodisch aufgebaute Reitausbildung zu geben. Lewandow war, zumal er im gleichen Ort wohnte, damit sehr einverstanden, und so erschien Tatjana nunmehr täglich und absolvierte alle ihre Übungen auf Nurabi, ihrem Liebling.

Der Reitbetrieb auf der Funkenmühle nahm einen erstaunlichen Aufschwung. Herr Constantin mußte bald zwei erprobte Helfer einstellen, damit die pferdebegeisterte Jugend nicht nur ein gediegenes Wissen, sondern auch ein anerkennenswertes Können mit nach Hause nehmen konnte.

Das Ehepaar Constantin lebte trotz steigender Einkünfte sehr bescheiden. Jeden monatlichen Überschuß aus ihrer Arbeit in der Reiterpension steckten sie wiederum in den Betrieb, um alles darin noch schöner zu machen. Die Schlafräume wurden renoviert, die Speise- und Aufenthaltsräume nach den Plänen eines jungen Innenarchitekten, der selbst Reitschüler auf dem Pferdehof war, umgebaut. Die Duscheinrichtungen wurden vergrößert, Kühlschränke rollten an, kurzum, bald fehlte es in der Funkenmühle an nichts mehr, was den Aufenthalt bequem und angenehm machte.

Wenn es schließlich für einen Kursus ans Abschiednehmen ging, die Eltern vor dem Hause vorfuhren, um ihre braungebrannten Sprößlinge abzuholen, von deren reiterischen Leistungen bei einer abschließenden Vorführung sie begeistert waren, da gab es mehr als einmal Tränen, und es war fast schon selbstverständlich, daß die Jungen und Mädchen fragten, ob sie im nächsten Jahr wiederkommen dürften.

Tatjana Lewandow hatte auch einmal zu ihnen gehört. Nun, da sie die Anfangsgründe des Reitens bei ihrem Lehrmeister durchexerziert hatte, war sie täglicher Gast in der Funkenmühle, wenn es ihr Studium nur irgendwie ermöglichte. Und der erste, den sie aufsuchte, und der einzige, den sie ritt, war der Hengst Nurabi, dessen besondere Zuneigung zu dem Mädchen jeden erstaunte. Wahrscheinlich mochte der Sohn der Wüste sich nicht jedem, sondern nur einem ganz bestimmten Menschen anschließen, und das war eben Tatjana. In ihr fand er einen Menschen, der wie er viel Temperament hatte, viel Zärtlichkeit erwartete, der ihn trotz aller Stimmungen stets liebevoll behandelte.

Vollblutaraber sind entgegen landläufiger Meinung erstaunlich widerstandsfähige Pferde. Selbst unter den kargen Lebensbedingungen in der arabischen Wüste unter glühender Sonne und in eisigen Nächten büßen sie an Fruchtbarkeit nichts ein.

Bei einer Zuchtverwendung bis zum neunzehnten Lebensjahr erreichen sie oft ein Alter von fünfundzwanzig Jahren.

Ihre Schnelligkeit im Schritt ist beachtlich; sie beträgt durchschnittlich 104 Meter in der Minute, beim Trakehner Pferd 89 Meter. Im Trab legt ein Vollblutaraber ungefähr 250 m, ein Trakehner 265 m je Minute zurück, im Galopp sind es etwa 500 m, die das Araberpferd, und 700 m, die der Trakehner in der Minute zurücklegt. Schafft also Nurabi in einer Stunde auch nur 18 km, so bedeutet das als Dauerleistung eine Strecke von mehr als 100 km pro Tag!

Nach einer Darstellung des Schriftstellers Raswan legte ein Beduine auf seinem Vollblutpferd in achtzehn Tagen die Strecke von Schiraz nach Teheran zurück. Bei einer Gesamtlänge von 2 630 km ergibt das eine durchschnittliche Tagesstrecke von 146 km, eine erstaunliche Leistung!

Das Körpergewicht eines Pferdes, das zu Beginn eines solchen Ritts noch 421,8 kg (= 100%) betrug, war nach dem Unternehmen auf 395,3 kg (= 95,7%) gesunken.

Nun forderte Tatjana dem Hengst selbstverständlich nie sein volles Leistungsvermögen ab, aber sie ließ ihn doch ihre Willensstärke immer fühlen, was gerade beim freien Ausritt ins Gelände, besonders wenn die übrigen Pferde des Gestüts daran teilnahmen, unerläßlich war. Denn leicht war es möglich, daß er gegen Kinder, wenn sie in ihrer Lebhaftigkeit zu weit gingen, ungnädig wurde, und sie Gefahr liefen, sich zu verletzen. Nurabi jedoch war ausgesprochen kinderfreundlich und zeigte sich ihnen gegenüber stets verständig und friedlich.

Oft genug kam es vor, daß Mütter aus der Nachbarschaft ihre vier- oder fünfjährigen Sprößlinge zur Mittagszeit auf dem

Hofe der Funkenmühle suchten und sie erst nach einigem Hin und Her im Pferdestall fanden, wo sie zwischen Nurabis Beinen oder an der Krippe spielten, ohne daß er ihnen etwas tat. Er kannte sicherlich seine Spielgefährten.

Ganz anders jedoch verhielt er sich gegen Fremde und gegen Erwachsene, die seine Box betraten. Ihnen zeigte er sofort sein Imponiergehabe, legte die Ohren zurück, schnappte nach dem Rockärmel und kniff, wenn er etwas zu fassen kriegte; aber er biß niemals ernstlich, keilte wohl gelegentlich Lufthiebe aus, traf aber nie, weil er es gar nicht beabsichtigte.

Wie gelöst bewegte er im Gelände seine Glieder! Er scheute selten, pirschte sich stets mit vorgestrecktem Hals gegen einen Maulwurfshaufen oder eine vom Bauern achtlos fortgeworfene Düngertüte heran, ohne je den Versuch zu machen, den einmal eingeschlagenen Weg zu verlassen.

Sein Orientierungsvermögen war erstaunlich. Mehrmals konnte Tatjana sich davon überzeugen, wie er ihr durch seinen untrüglichen Ortssinn zu helfen wußte, aus auswegloser Verirrung in fremdem Gelände herauszufinden. Verzweifelt überließ sie ihm oft nach eigenen vergeblichen Bemühungen die Zügel und damit den Weg, und siehe da, in kurzer Zeit hatte er sich zurechtgefunden und den nun auch Tatjana Lewandow wieder bekannten Pfad eingeschlagen. Aufatmend und dankbar klopfte die Reiterin ihrem zuverlässigen Führer den Hals, Nurabi stampfte dann bei jedem Schritt übermütig mit seinen Läufen den Boden, als wollte er damit bekunden, daß es ihn freue.

Als Tatjana einmal für ein halbes Jahr auf einer Spanienreise war, wieherte Nurabi tagelang sehnsüchtig aus seiner Box nach ihr, und nur schwer gewöhnte er sich an ihre Abwesenheit.

Aber dann war der lange Urlaub vorüber. Der Sommer kam, das Gras grünte, Margeriten und Glockenblumen blühten. Bunte Schmetterlinge tanzten von Skabiosentrichtern zu Steinnelken, sogen an Wiesenflockenblüten und Thymianpolstern mit Hummeln und Bienen. Es war ein seliges Schwirren und Flirren und Summen.

Zum ersten Mal war Tatjana wieder auf dem Pferdehof, um ihren Freund und Gespielen Nurabi wiederzusehen. Er graste in der entlegensten Koppelecke, als er seinen Namen rufen hörte. Er warf den Kopf auf, spitzte die Ohren — dann war er im vollen Galopp wiehernd heran und ließ sich streicheln. Nuckernd antwortete er aus tiefstem Innern, wie sie es bisher noch niemals

empfunden hatte. Die Augen wurden ihr feucht, sie wollte sich ihm entziehen und lief davon, aber da war er schon wieder hinter ihr und bettelte mit bebenden Nüstern und geiferndem Maul, bis er sie in eine Koppelecke gedrängt hatte, wo sie ihn abliebelte, bis er zufrieden war. Er wollte nun nicht mehr in der Koppel bleiben, und so nahm sie ihn am Halfter und brachte ihn in seine Box.

Von diesem Tag an begann wieder das tägliche Programm des Dressurreitens, der Kampagne-Schule, wie die Fachleute es nennen.

Die hohe Schule der Dressur

Jahre vergingen. Im Gestüt Schwarzbach wurden Fohlen geboren, deren Schönheit jeden Kenner erfreuten und Herrn Iller und seine Frau mit Stolz erfüllten. Es war wieder eine anstrengende Zeit, die das Ehepaar, Stallmeister Ewald und seine beiden Helfer Eduard und Bernd tagaus, tagein von früh bis spät auf den Beinen hielt.

Aber auch die schönen Stunden im Gestütsbetrieb blieben dann nicht aus. Dazu gehörten ebenso der Anblick der Neugeborenen und der mütterlichen Fürsorge der Stuten um ihre Fohlen, ebenso der tägliche Ausritt ins Gelände, die abendlichen Gespräche mit guten Freunden am Kamin wie die Fachsimpeleien auf den Fohlenschauen, bei Körungen[1]) und Auktionen.

Immer, wenn ein Pferd verkauft und seine Papiere an den neuen Besitzer übergeben waren, wurde die Übereignung mit einem guten Tropfen gefeiert. Im Augenblick des Abschieds jedoch, wenn der Transportwagen sich in Bewegung setzte, brachen die Gefühle der Wehmut durch, denn die Trennung von einem Tier, das Illers viele Jahre betreut hatten und das ihnen ans Herz gewachsen war, fiel ihnen stets schwer.

---

[1]) Körung: Auswahl von Hengsten für die Zucht

Mit um so größerer Freude sahen beide andererseits der Ankunft eines neuerworbenen Zuchttieres entgegen. Ständig hielt Iller zur Blutauffrischung seines Gestüts nach hervorragenden Vererbern Ausschau, und mitunter war er mehrere Tage unterwegs, um sich über die jüngsten Angebote zu unterrichten.

Er tat es den Beduinen gleich, die oft tagelang zu anderen Stämmen ritten, um für ihre Stuten den passenden Hengst zu finden. Gelang dies nicht, so mußten sie zur Reinzucht mit ihren eigenen Hengsten greifen, ehe sie Gefahr liefen, den Stammbaum ihrer Stute durch Unbekannte zu gefährden.

Im Frankenland wußte Iller im Gestüt Moritzberg einen hervorragenden Hengst, der aus dem russischen Staatsgestüt Tersk im Kaukasus an einen deutschen Stahlmagnaten für einen hohen Preis verkauft worden war, nachdem er als Hauptbeschäler überaus gute Nachzucht erbracht hatte.

Der Schimmel Salon bestach durch seine kraftvolle Erscheinung und die feinnervigen Glieder, die er ebenso im Schritt wie im Galopp spielen ließ. Sein Haarkleid war seidenweich, und Iller hätte alles gegeben, ihn zu erwerben; aber daran war natürlich nicht zu denken. Sein Besitzer hätte ihn um keinen Preis weggegeben. Dagegen war er nicht abgeneigt, ihn als Zuchthengst zur Verfügung zu stellen, und das war bereits ein großer Erfolg für Iller; denn ein Züchter sucht sich das Gestüt genau aus, dem er seine Hengste zur Nachzucht freigibt.

Der Schimmel Salon verfügte über ein einzigartiges „Pedigree", wie der Fachmann den Stammbaum der Pferde bezeichnet. Sein Vater Negatiw stammte vom englischen Vollblutaraber Naseem und der polnischen Araberstute Solanka ab. Er hatte in dem Hengst Nabor, der der Vater des Schwarzbacher Laos war, einen hervorragenden Blutsbruder, dessen Leistungsvermögen in der Sowjetunion auf der Rennbahn vielfach geprüft worden war.

Schon als Zweijähriger hatte er als Sieger in seiner Klasse eine Strecke von 1 200 m unter seinem Reiter Chalnikow bewältigt, im folgenden Jahre sich auf 1 500 m, im nächsten auf 1 600 und 1 800 m gesteigert. Während die Sieger im Staatsgestüt Tersk, oft als Hauptbeschäler, verblieben, wurden alle übrigen Hengste verkauft. Bald kämpfte Salon auf Distanzen von 3 000 m um den Sieg, und als er älter wurde, gehörte er, der sich schließlich sogar auf 7 000-m-Strecken bewährt hatte, zur besten Auslese. Insgesamt gewann er zwanzig Rennen, eine beispiellose Karriere, die ihn in der Landespferdezucht des Kaukasusgebietes so begehrenswert machte.

Als der Hengst, aus der Sowjetunion kommend, hocherhobenen Hauptes, mit aufgestellten Ohren und blanken, forschenden Blicken aus dem Waggon stieg, hatte er schnell herausgefunden, daß er in Moritzberg auf Artgenossen traf. Die Stuten Spiral, Nadia und der Fuchshengst Ibn Mahasin, der aus Ägypten stammte, sowie die Hannoveraner und die Trakehnerpferde, die ihn allesamt freudig begrüßten, ließen Heimweh in ihm nicht aufkommen. So fühlte er sich angesichts seiner vollen Futterschüssel Hafer gleich wie zu Hause, wenn auch sein Trainer und Gestütsleiter Witt ihn in deutscher Sprache willkommen hieß.

Sein Besitzer hatte Großes mit dem Hengst vor, und Herr Witt als approbierter Bereiter gedachte den prächtigen Schimmel durch methodisch aufgebaute Dressur in seiner Leistung zu verbessern und dadurch in seinem Ansehen zu fördern.

Seine ersten Ausbildungsstunden erhielt Salon noch an der Longe, erst dann wurde er unter den Sattel genommen. Wenn auch Chalnikow in Tersk beste Vorarbeit geleistet hatte, so merkte Salon doch sehr rasch den Unterschied zwischen ihm und Witt. Witt saß mit zurückgenommenen Knien auf dem Sattel; die Unterschenkel hielt er geschmeidig am Pferdeleib. So konnte er bei lockerer Hüfthaltung auf alle Bewegungen des Hengstes sofort eingehen, durch leichtes Drehen in den Hüften sich jeder Wendung Salons anpassen. Bald boten Pferd und Reiter ein Bild vollendeter Harmonie.

„Es ist ein Genuß, Salon zu reiten!" meinte Witt zu seinem Chef, als er absaß, und alle teilten seine Begeisterung.

Die Liebkosungen, die folgten, dankte ihnen der Hengst auf seine unnachahmliche Weise. Entweder prustete er wohlig mit den pfirsichweichen Lippen, oder er wieherte kurz in der Kehle, dann leckte er mit seiner schmiegsamen Zunge die Hand seines Wohltäters oder fuhr ihm damit über das Gesicht.

Salon war so anhänglich wie der Schäferrüde Wolf. Nichts von nervöser Hast oder Wildheit war an ihm zu spüren. Ohne Scheu verließ er bei offener Box die Stallgasse und erging sich im angrenzenden Auslauf, um frische Luft zu schöpfen. Ein Pfiff, ein kurzer Zuruf genügte, ihn zurückzuholen. Selbst auf der Koppel, wo er im Sommer täglich mehrere Stunden weidete, hörte er auch über größere Entfernung hinweg sofort auf jeden Ruf.

Mit dem Rüden Wolf hatte er sich schnell angefreundet. Gern tummelten sich beide auf der Koppel, und wenn der Hengst in seine Box zurückgebracht wurde, schlüpfte Wolf oft mit hinein und leistete ihm dort stundenlang Gesellschaft.

Witt war ein überaus geduldiger und beherrschter Reiter. Er hatte die Trense stets so eingeschnallt, daß sie die Lippen des Hengstes weder hochzog noch ihm die Möglichkeit ließ, das

Gebißstück mit der Zunge auf- und abwärts zu bewegen. Dagegen war das Kopfstück so eingeschnallt, daß Salon sich daran abkauen konnte.

Witt verstand es, Salon mit Hilfe seiner Schenkel in der Hinterhand zu beherrschen und so eine treffliche Versammlung[1]) zu erzielen. Er wußte im Ausgleich zwischen vortreibenden und verhaltenden Hilfen[2]) den Hengst zu energischen Gängen anzuspornen.

Auf diese Weise lernte Salon rasch, nicht nur alle von seinem Meister verlangten Gangarten zu beherrschen, sondern auch unvermittelt und ohne falsche Zwischenschritte die Gangart zu wechseln. Dabei blieb der Hengst unter ihm völlig entspannt, und so wurde er durch Witts vorbildlichen Reitersitz wie durch die gefühlvolle Zügelwirkung jederzeit in die richtige Haltung hineingeschoben.

Einzigartig dabei war Salons Gedächtnisleistung. Hatte er etwas endgültig begriffen, so haftete dies bei ihm auch nach wochen- und monatelanger Pause. Vor allem aber zeigte der Hengst Temperament. Dies merkte Witt sofort, wenn er auf der Kreisbahn den inneren Schenkel dicht an den Gurt legte und, bei halber Parade des Zügels den Hinterfuß unterstützend, zum Galopp ansetzte. Wie von einer Sehne geschnellt, sauste Salon davon, und es bedurfte stets einiger Paraden, um ihn ins gewünschte Tempo zu bringen.

Am Ende der Lektion erhielt Salon regelmäßig einige Zuckerstücke aus der Hand des Reiters, wenn er sie nicht selbst mit seinen weichen Lippen aus dessen Rocktaschen herausschno-

---

[1]) Versammlung: verstärktes Treiben des Pferdes bei gleichzeitigem Verhalten mit dem Zügel

[2]) vortreibende Hilfen: Reithilfen für das Pferd, die durch Schenkel- und Gewichtseinwirkung erfolgen; verhaltende Hilfen: Zügelhilfen

berte. Mit sichtlichem Behagen verschmeckte er den Zucker, bis ihm der Schaum über die Lippen flockte, und ließ sich dann willig in den Stall zurückführen und trocken reiben. Dabei zeigte er sich unter Striegel und Kardätsche nie kitzlig. Ein Kind hätte dabei zwischen seinen Beinen durchlaufen können, ohne gefährdet zu sein.

Tatsächlich ereignete sich einmal solch ein Zwischenfall, der große Aufregung hervorrief. Als die Tochter des Besitzers mit ihrem zweijährigen Söhnchen auf dem Gestüt zu Besuch weilte, schlüpfte der Kleine in einem unbewachten Augenblick durch die offene Tür der Pferdebox und machte sich darin zu schaffen. Er hatte nämlich schon oft zugesehen, wie der Großvater den Hengst tätschelte und mit Leckerbissen verwöhnte, und nun wollte er das gleiche tun. Er nahm einen Hustenbonbon aus seinem Mund und hielt ihn hoch. Der Hengst hatte sofort mit seinen Nüstern den verlockenden Duft wahrgenommen, im Nu den Kopf gesenkt und mit geschicktem Griff sich die Süßigkeit einverleibt. In seiner Begehrlichkeit nach mehr drehte er sich musternd um.

Auf diese Weise geriet der kleine Junge an die Wand der Box. Um nicht erdrückt zu werden, schlüpfte er durch die Beine des Hengstes, und da sie ihm so merkwürdig vorkamen, konnte er nicht umhin, sie anzufassen. Mal hielt er sich an einem Vorderbein, mal wieder an einem Hinterbein fest, tätschelte die seidigweichen silbernen Schenkel, wie er es auch von seinem Großvater gesehen hatte, und fand es höchst interessant, sich mit dem Körper des Hengstes näher zu beschäftigen. Einem Laien, der nur oberflächlich hinsah und nicht die Seele eines arabischen Vollblutes und am wenigsten die des Hengstes kannte, mochte der Anblick wohl großen Schrecken einjagen.

Hengstfohlen,
gegeneinander
aufgestellt –
Wer ist der Größte?

Dunkelhäutig noch –
bald schon
schlohweiß ...

Und so war es auch, als Frau Langen erschien und ihren Sprößling unter dem Pferdeleib bemerkte. Sie wollte vor Angst schreien, aber es hatte ihr die Stimme verschlagen. Und dies war gut so; denn Salon und das Kind wurden nicht erschreckt, und so löste sich der Bann ganz von selbst, als der Hengst sich der Frau zuwandte, sie beschnupperte und gestreichelt werden wollte, während ihr Udo begeistert unter ihm hervorkroch und sie mit Fragen bestürmte. Aufatmend verließ die Frau mit ihrem Sprößling den Stall.

Natürlich sprach man darüber beim Mittagessen, und der Hausherr hörte gern das Lob über Salon.

„Ich bin wirklich stolz auf diesen Hengst", bekannte er. „Na ja, was Sie an Salon so lobenswert finden, trifft eigentlich für alle Araberpferde zu, Frau Langen. Die arabischen Vollblüter besitzen viele derartiger Vorzüge. Sie kommen bei gleicher Leistung mit weniger Futter aus. Sie sind zutraulich, gutmütig und anpassungsfähig, und wenn man bei Pferden davon sprechen kann, daß sie klug sind, so sind sie es. Wenn auch der Araber in der Beurteilung seiner Pferde der Stute stets den Vorzug gibt nach dem Spruch: ‚Das Schönste in dieser Welt ist eine kluge Frau und eine fruchtbare Stute' — so ist für mich doch Salon als Vatertier der Wertvollste auf dem Gestüt."

Frau Langen nahm diese Worte zum Anlaß, bereits am nächsten Vormittag den Hengst zu reiten, und er enttäuschte sie nicht. Im sogenannten Mitteltrab, den sie in kurzen Wiederholungen aus dem gewöhnlichen Arbeitstrab entwickelte, begeisterte er sie durch seine schwungvollen, raumgreifenden Schritte. Federnd setzte Salon seine Füße. Wie dabei seine Selbsthaltung und das Gleichgewicht seines Körpers in Erscheinung traten, das zu sehen war ein Genuß.

Der Hengst hatte den Gewichtsunterschied der Reiterin zu denen der Männer sofort herausgefunden, aber er dachte nicht einen Augenblick daran, die Gelegenheit zu Kapriolen auszunutzen. Kaum hatte Frau Langen ihre Hände tiefer gestellt und ihm längere Zügel gelassen, so drängte er bei völliger Losgelassenheit kraftvoll zum starken Trab.

Am schönsten war für beide, für die Reiterin und das Pferd, zuletzt auf weiter Wiese der Galopp, der über eine weite Strecke ging. Das Pferd wahrte dabei eine vollkommen natürliche Haltung, ohne zu pullen[1]). Der Reiter meint damit, daß das Pferd, wenn es vorwärtsdrängt, sich auf der Suche nach einer Stütze nicht auf der Hinterhand versammelt, sondern auf der Vorderhand und somit auf dem Zügel liegt.

Frau Langen war von ihrem ersten Ausritt begeistert. Von nun ab nutzte sie ihren vierzehntägigen Besuch jeden Morgen zu einem Ritt auf Salon. Dabei konnte sie feststellen, wie durchlässig[2]) der Hengst in den Paraden[3]) war, die sie nie ohne gleichzeitige vortreibende Schenkelhilfe gab. Wie fein der Hengst auf jede Hilfe reagierte, das zeigte sich auch in der Reithalle beim Wechseln durch den Zirkel und aus dem Zirkel, in den Volten[4]) und Schlangenlinien und nicht zuletzt in den Seitengängen, in den sogenannten Traversalen[5]).

Mit Bedauern beendete Frau Langen ihre letzte Reitstunde mit Salon. Dann begann auch für den Hengst wieder die Zeit harter Dressur unter seinem Meister, Herrn Witt.

---

[1]) pullen: nach vorn drängen, ohne die Gangart einzuhalten

[2]) durchlässig: durchtrainiert; fähig, auf alle Hilfen des Reiters einzugehen

[3]) Parade: Anhalten des Pferdes oder Verkürzen des Tempos

[4]) Volte: Reitfigur, bei der das Pferd einen Kreis von sechs Schritt Durchmesser beschreibt

[5]) Traversale: Reitfigur, bei der das Pferd eine Schrägbewegung auf zwei Hufschlägen ausführt (seitlicher Gang)

Salon lernte nun den Galoppwechsel, den sogenannten Kontergalopp. Die Schwierigkeit dieses Galoppwechsels besteht in der Kehrtwendung am Ende der langen Seite der Reitbahn. Mit dem äußeren Zügel, der aufrichtend wirkt, unterstützt durch die äußeren Schenkel, wußte Witt die Vorderhand des Hengstes zu stärken. Natürlich verhaspelte sich Salon am Anfang der Übungen zuweilen, aber sein Meister ließ sich deswegen nicht dazu verleiten, etwa mit Sporn und Peitsche die Unregelmäßigkeit wieder in Ordnung zu bringen; er übte Geduld und wiederholte. Und siehe da, der Araber begriff jetzt, worauf es seinem Reiter ankam, und wenn man diesem glauben sollte, dann hatte der Schimmel zu guter Letzt sogar seine Freude an dem Spiel auf dem Hufschlag der schönen gedeckten Reitbahn.

Etwas langwieriger gestaltete sich Salons Ausbildung im Springen, das den arabischen Vollblütern von Natur aus weniger liegt. Witt wurde aber auch hier mit allen Schwierigkeiten fertig. Zuerst legte Herr Witt eine Stange auf den Boden und ließ Salon einfach darüber hinwegtraben. Dann versuchte er es mit zwei, und als der Hengst die Hindernisse im ruhigen Tempo genommen hatte, erhöhte er sie durch untergelegte Klötze auf 30 cm. Nun mußte Salon prüfen, wo er den Abtritt ansetzte, daß heißt, wo er abspringen mußte. Salon tat nicht scheu und meisterte diese methodisch aufgebauten Übungen allmählich. Er gewöhnte sich an wechselnde, immer höher aufgebaute Hindernisse, und wenn es mal nicht klappte, nun, so lag meist in der Wiederholung der Erfolg. Jede Überforderung vermeidend, gab sich Witt nach mehreren Sprüngen stets zufrieden; er lobte und belohnte und spornte so den Hengst an.

Mit der folgenden Lektion wartete Witt bis zum nächsten Tag. Nun achtete er immer mehr darauf, daß der Hengst stets in gerader Linie auf das Hindernis zustrebte. Er überließ ihm den Absprung, das heißt, er ließ dem Pferd die Zügel mit am Halse vorgehender Hand, so daß es Salon möglich war, den Sprung frei auszuführen.

Natürlich konnte Salon sich auch später nicht mit solchen berühmten Springpferden messen wie Halla oder Meteor, die in kürzester Zeit auf ihrem Parcours verschieden schwere Hindernisse übersprangen und eine Höhe von 2,20 m bezwangen. Witt war sich der Leistungsgrenzen seines vierbeinigen Schülers bewußt und gab sich mit Hindernissen von 1,20 m zufrieden. Dennoch hatte er sich vorgenommen, ihn auch in der höheren Reitkunst auszubilden, die allgemein als die „Hohe Schule" bezeichnet wird.

Roßzeit

Hatte Herr Iller noch vor Monaten mit dem Gedanken gespielt, den schönen Silberhengst Salon gelegentlich zur Zucht zu verwenden, so war er jetzt endgültig davon abgekommen. Sein aus Ägypten stammender Originalbruder Shaker el Masri hatte als Vatertier dazu beigetragen, daß in den Maitagen über ein halbes Dutzend gesunder Fohlen die Stallboxen bevölkerten. Sie waren herrlich in ihrem braunroten Erstlingskleid anzusehen, voller Temperament und von großer Zutraulichkeit.

Die warmen Maitage lockten auf den Weiden des Gestüts das junge Grün aus den mineralsalzreichen Wiesen, und Stuten, Jährlinge und Fohlen fühlten sich bei der frischen saftigen Kost überaus wohl. Man spürte es geradezu, wenn sie übermütig über die Hänge trabten. Mit großer Genugtuung nahm auch Stallmeister Ewald wahr, wie sich das Haarkleid der Pferde wieder glättete. Der lange, harte Winter hatte ganz gehörig an den Futtervorräten und auch am Geldbeutel gezehrt.

Nun war die stille Zeit vorüber. Schon kamen die ersten Interessenten, um einen Vollblutaraber zu kaufen.

Das mailiche Wetter erregte die Stuten, die ein Fohlen geboren hatten; sie gebärdeten sich unruhiger als sonst, sie wieherten oft, schnoben unüberhörbar die Stalluft durch die Nüstern, spielten lebhaft mit den Ohren und ließen erregt ihren langen Schweif spielen.

Die Roßzeit war da, die Zeit, da die Geschlechter zueinanderdrängten. Iller entgingen diese Anzeichen nicht. Er mußte sie nützen, denn die Paarungen sollten frühzeitig eingeleitet werden. Zu spät geborene Fohlen nämlich genießen für gewöhnlich nicht mehr in vollem Maße die Weidezeit des nächsten Jahres und kümmern.

Natürlich hatte er seine festen Vorstellungen über die erwünschten Paarungen, aber auch die Stuten und Hengste hatten ihren Willen. So lehnte Shaker zuweilen die ihm vorgestellte Partnerin ab, und es kam auch umgekehrt vor, daß eine Stute, mit der Wahl ihres Ebenbildes nicht einverstanden, auskeilte und Kapriolen machte, wenn Iller nicht aufpaßte.

Den Hengsten galt in diesen Wochen seine besondere Fürsorge. Erhöhte Futtergaben und stundenweiser Weidegang sollte ihnen Kräftezuwachs bringen.

Shaker und Mehiar, die getrennt voneinander untergebracht waren, wurden auch getrennt in die bergigen Koppeln geführt. Zuerst führte Stallmeister Ewald den Hengst Shaker nach draußen. Sobald der die Stutenherde jenseits der Zufahrt sah, stellte er sich stolz am Stangenzaun auf, wieherte zur Begrüßung und machte immer wieder Versuche, an seine Artgenossinnen heranzukommen, aber daran war nicht zu denken. Sein herrisches Wiehern verriet heftige Unlust darüber, daß ihm sein Recht, sein natürliches Recht, versagt blieb. Stolz aufgereckt, passierte er schließlich den Stangenzaun. In dieser Haltung, mit erhobenem Schweif, der gleich einer Fahne im Winde wehte, verkörperte er den Ausdruck seiner männlichen Kraft.

Plötzlich sprang unmittelbar vor ihm ein Hase aus der Sasse auf und flüchtete in langen Sätzen vor ihm davon. Während andere Pferde sicherlich erschreckt zur Seite gesprungen wären, kümmerte Shaker der Mümmelmann als Schreckgespenst nicht. Er sah in ihm höchstens ein willkommenes Objekt seines Übermuts, und so galoppierte er mächtig hinter dem Flüchtigen drein und drängte ihn im Kreise bis zum Ausgangspunkt seines Laufes zurück, ohne den Hasen zu überholen.

Stallmeister Ewald, der den beiden zuschaute, erkannte sofort, daß der Hengst nichts Böses im Schilde führte, sondern aus Freude am Haschen hinter dem Langohr dreinjagte. War Shaker dem Hasen zu nahe, so schlug der sofort einen Haken, und der Hengst schwenkte auf der Stelle in die neue Richtung. Blieb er zurück, so ließ ihn der Hase wieder etwas näher herankommen, und das Haschen begann von neuem. Es dauerte eine ganze Weile, bis der Hase durch die Umzäunung huschte. Noch einen Augenblick lang verfolgte der Hengst hinter dem Koppelzaun mit seinen Blicken den Davoneilenden. Dann graste er in einer Bodensenke.

Kurze Zeit darauf führte Heiner, ein neu eingestellter Stallbursche, den Hengst Mehiar am Halfter am Zaun der Koppel vorbei. Kaum hatten die beiden Hengste sich gesehen, so wieherten sie kampfeslustig. Im gestreckten Galopp sprengte Shaker gegen den Zaun, eine Fichtenstange brach, und ehe es sich der Bursche versah, hatte sich Mehiar losgerissen, während Shaker ihn sofort hocherhoben mit seinen Vorderbeinen bearbeitete. Hart trafen seine Hufschläge Mehiar an der Brust, aber der jüngere Hengst gab sich nicht verloren und suchte seinen Rivalen an den Beinen zu fassen.

Eine wilde Rauferei entstand. Immer wieder entwanden sich die Kämpfer einem drohenden Biß in den Hals, sie tanzten in grotesken Sprüngen hitzig umeinander, um dennoch einen Biß anbringen zu können. Weit drang ihr ungestümes, gellend aufbegehrendes Wiehern zum Wohnhaus hinüber, während Heiner verstört hilflose Versuche unternahm, den Widerstreit der beiden Beschäler zu schlichten.

Dieser Kampf war ernsthaft — er konnte böse ausgehen. Eine ungeschickte Bewegung, ein Versagen der Glieder, ein Straucheln konnte dem unterlegenen Hengst das Leben kosten. Iller hatte die bedrohliche Situation sofort erfaßt, als er mit dem Auto den Hohlweg zum Hof emporkam und den Streit der Hengste erkannte. In Sturmeseile lief er zum Pumpenstock, füllte einen Eimer mit Wasser und goß ihn Mehiar ins Gesicht. Der stutzte einen Augenblick. Dann hatte ihn Iller am Halfter gepackt und führte ihn in den nahen Stall, während Heiner den nächsten besten Knüppel erfaßte und Shaker wieder in die Koppel wies. Der wollte natürlich nicht, sondern hätte zu gern den Kampf fortgesetzt, aber es gelang ihm nicht. Heiner war flink und beherzt genug, um ihm wieder den Weg zu verstellen, und so ging der böse aussehende Zwischenfall noch einmal glimpflich ab.

Ein paar unbedeutende Schrammen hatten die Widersacher davongetragen, die rasch wieder heilten. Heiner und Iller jedoch waren ins Schwitzen gekommen. Heiner stand verlegen vor seinem Chef und druckste eine Entschuldigung. Der lächelte nur kurz, klopfte ihm tröstend auf die Schulter und wandte sich zum Hof zurück.

Von Mohammed bis Napoleon

Je öfter Besucher des Gestütes Schwarzbach die schönen arabischen Vollblutpferde bewunderten, um so mehr kamen vor allem die gewandten, fehlerlosen Fohlen des Hengstes Shaker el Masri ins Gespräch. Die Zahl der Stutenbesitzer nahm zu, die ihn für ihre Nachzucht haben wollten.

Stutenbesitzer gewöhnlicher Landpferdeschläge benutzten, wenn ihnen der Weg zum staatlichen Haupt- und Landgestüt Marbach zu umständlich war, gern den vom Zuchtverband gekörten edlen Fuchs zur Blutauffrischung und konnten so auf gute Zuchterfolge hoffen.

An einem Sonntag im Juni reisten die Constantins aus dem Norden und Herr Witt aus dem Süden an, um Illers den versprochenen Besuch abzustatten. Des weiten Weges wegen waren sie schon am frühen Vormittag gekommen, hatten nach kurzer Erfrischung sich bei einem Rundgang durch die Koppeln die Beine vertreten, in tiefen Zügen die Schwarzwaldluft geatmet und die Pferde kritisch beurteilt.

Nach dem Mittagessen trafen sie sich zu einem Gespräch, bei dem sie auf die Frage nach dem Ursprung der Vollblutaraber zu sprechen kamen. Obwohl Herr Witt sich auf seinen Orientreisen darum bemüht hatte, über seine Geschäftsfreunde in Ägypten, Libyen und Syrien Näheres darüber zu erfahren, so konnte ihm doch niemand erschöpfende Auskunft geben. Man zuckte entweder die Achseln oder quittierte seine Neugierde mit einem schelmischen Lächeln.

„Ich hatte den Eindruck", meinte Witt, „als wollte man damit kundtun: Du Gast aus dem Norden, rühre nicht an unsere Geheimnisse, sondern genieße die Schönheit der vorgeführten Pferde, und nimm es dankbar hin, wenn wir sie dir zeigen und dir ein oder zwei von ihnen abgeben!"

„Sehr schön gesagt!" Herr Constantin lächelte.

„Es müßte sich aber doch feststellen lassen, ob die Araberpferde noch als Wildpferde lebten, als die Beduinen sie zum Reiten benutzten", beharrte Iller. „Mir ist nur bekannt, daß damals in Asien der 1870 entdeckte Tarpan und das 1880 bekannt gewordene Przewalski-Pferd lebten, benannt nach dem russischen General Nikolai Przewalski, der große Teile Asiens und besonders das Ussuri-Gebiet bereiste und erforschte. Wäre es nicht möglich, daß in einem dieser Wildpferde der Ursprung unseres heutigen Arabers zu suchen ist?" fragte Herr Iller.

Herr Witt schüttelte den Kopf. „Nichts ist davon erwiesen, es sind zumeist Legenden, die sich um die Vorgeschichte unserer Lieblinge ranken, und manche sind so dichterisch, daß ich eine davon aus dem Mund eines Khediven gern wiedergebe: Als der Schöpfer das Pferd erschuf, nahm er eine Handvoll vom Südwind, der über die Wüste streicht, hauchte darüber und sprach: Ich habe dich begünstigt vor allen Tragtieren, dein Besitzer sei dein Freund! Ich habe dir die Kraft verliehen, die dich auch ohne Flügel schnell dahinträgt, auf daß mich deine Reiter preisen!"

„Die eigentliche Blütezeit des arabischen Pferdes entwickelte sich doch aber erst zu Lebzeiten Mohammeds", wandte Herr Constantin ein.

„Richtig", erwiderte Herr Iller. „Als er 625 in der Schlacht am Berge Ohod gegen die Reiterscharen von Kaled-ebn-el Wallid verlor, befahl er die Aufstellung einer Reiterei mit edlen Pferden, ausdauernd und schnell. Die Überlieferung berichtet, daß die edle Rasse sich von fünf Stuten ableitet. Es waren die Stuten Dschulfe, Koheily, Maneki, Saklawy und Tusye. Als sie nach zweitägiger Schlacht zum Tränken geführt wurden, verzichteten sie auf den Ruf des Propheten hin auf die Stärkung und trabten zu ihm zurück.

Mohammed machte die Pferdezucht zur religiösen Pflicht für jeden Anhänger des Islams. Verschiedene Suren, Kapitel des Korans, zeugen davon, wenn zum Beispiel zu lesen ist: So viel Körner Gerste du deinem Pferd gibst, so viel Sünde wird Allah dir vergeben!

Nach seinem Tod 632 folgten seine Anhänger dem Gebot des Propheten, die neue Heilslehre mit Feuer und Schwert in alle Welt zu tragen. Auf Tausenden ihrer Pferde sprengten die Sarazenen unter dem Banner des Halbmondes von Ägypten über Nordafrika nach Spanien und bis in die französische Landschaft der Touraine. 700 Jahre herrschten die Araber in Andalusien. Aus der Kreuzung ihrer leichten, beweglichen Berberpferde mit den schweren spanischen Rössern entstand übrigens die spanische Ginette."

„Und wie kamen die Vollblüter in den nordischen Raum?" fragte Herr Constantin.

„Ich nehme an, daß die deutschen Ritter bei der Rückkehr aus den Kreuzzügen nicht nur Gold und Silber, Edelgestein und Seidentücher und wertvolle Teppiche mit in die Heimat brachten, sondern auch manches wertvolle Pferd in ihren Stall führten und mit ihm züchteten." Dies leuchtete allen Teilnehmern der Runde ein.

„Ich möchte noch hinzufügen, daß es sicher nicht nur die Schönheit des Arabers war, die seine Betrachter bestach", bemerkte Herr Witt, „sondern daß in den Türkenkriegen, in den Kämpfen gegen die Tataren und später in den Schlachten Napoleons, die dem europäischen Pferdebestand große Verluste zufügten, besonders die Genügsamkeit, die Wendigkeit und die Ausdauer die arabischen Vollblüter so begehrenswert machten. Es wird berichtet, daß die herrschenden Fürsten immer wieder ihre Agenten und Händler mit dem Ankauf dieses Pferdematerials im Ursprungsland beauftragten. Aber die arabischen Züchter verschlossen sich oft auch den verlockenden Angeboten. Deshalb wuchs in vielen Herrscherhäusern das Interesse, eigene Vollblutgestüte aufzuziehen, um unabhängig zu werden.

Einer der größten Liebhaber des arabischen Pferdes im Orient war ohne Zweifel der ägyptische Vizekönig Abbas Pascha I. (1848—54), der keinen Preis scheute, um wertvollste Stuten und Hengste in seinem Stall zu vereinen. In seinen prunkvollen Ställen lebten seine 1 000 Vollblüter besser als die Fellachen in ihren muffigen Hütten."

„So weit kann bei der herrschenden Klasse eines Volkes die Liebe für das edle Pferd gehen", unterbrach Iller das Schweigen, das eingetreten war. „Nun, so weit sollte diese Liebe heutzutage nicht mehr gehen!" beteuerte er, betohte jedoch, daß es den Pferden nicht an sauberer Unterkunft und guter Pflege mangeln dürfe. Darin waren sich die Herren natürlich einig. Und damit war man bereits bei einem besonders wichtigen Thema angelangt, dem der Aufzucht und Haltung.

„Man darf nicht übersehen", setzte Herr Witt die Unterhaltung fort, „daß der heutige Vollblutaraber das Ergebnis einer mehr als tausendjährigen züchterischen Entwicklung darstellt. Daß wir die Herkunft der Araberpferde, das außergewöhnliche Trockenklima des Hochlandes in Ägypten und die damit verbundene überkommene Ernährungsweise, bei der das tierische Eiweiß eine besondere Rolle spielt — daß wir all das bei der Aufzucht unserer Araber auch weiterhin nicht aus den Augen verlieren dürfen, erscheint mir ganz wichtig."

„Dabei dürfen wir auch nicht die stete Leistungsauslese des Pferdematerials vergessen", warf Herr Iller ein, „und nicht zuletzt die überzeugende Reinblutzucht. Diese drei Faktoren haben schließlich das geschafft, was wir heute so lieben und hegen!"

Die Herren gesellten sich wieder ihren Damen zu, die einen Rundgang mit Frau Iller durch den Gemüse- und Blumengarten beendet hatten und im Hinblick auf die lange Rückfahrt auf baldigen Aufbruch drängten. Dem konnten die Herren nicht widersprechen, und ehe die Nachmittagssonne hinter die dunkelgrünen Fichtenwipfel der Schwarzberge versank, verabschiedeten sich die Besucher nach gegenseitiger Einladung für die nächste Zeit.

Unter Strapazen und Opfern

Etliche Wochen danach, im Spätsommer, als das letzte Heu unter Dach und Fach gebracht worden war, nutzten die Freunde anläßlich einer Fohlenschau im Gestüt Schwarzbach einen schönen Sonntagnachmittag zu einem gemütlichen Beisammensein und erörterten zusammen mit den Mitgliedern des Vorstandes vom Araber-Stutbuch Tagesfragen.

Herr Iller, dessen Hengst Mehiar sich im letzten Jahr gut eingewöhnt hatte, erwartete in den nächsten Tagen eine Stute aus dem ägyptischen Staatsgestüt, ein Anlaß für die Tischrunde, all die Formalitäten zu besprechen, die für den Lufttransport nötig sind.

„Die Technik hat es leicht gemacht, unsere Lieblinge aus dem fernen Ursprungsland zu importieren!" sagte der Geschäftsführer des Verbandes, und Herr Constantin pflichtete ihm bei.

„Wie groß waren dagegen früher, noch vor fünfzig Jahren, die Strapazen, die den Pferdezüchter erwarteten, wenn er einen Hengst oder eine Stute zur Blutauffrischung seines Bestandes wünschte! Ich erinnere mich, von einem Fall gehört zu haben, der sich im vorigen Jahrhundert im Württembergischen abgespielt hat. Carl Raswan, der Vertraute der Fürstin zu Wied,

Herrin des Gestütes Weil, sollte der Dame unter allen Umständen den hochwertigen Hengst Jasir, einen unmittelbaren Sohn von Abba Paschas I. Lieblingsstute Wazira, verschaffen. Die Aufgabe schien, ganz abgesehen von dem hohen Preis, der durch amerikanische Kauflustige gesteigert wurde, unlösbar. Verhandlungen mit dem ägyptischen Landwirtschaftsministerium zogen sich ungebührlich lange hin, bis sie, nachdem Raswan die Hoffnung schon aufgegeben hatte, doch noch zu einem guten Ergebnis führten. Raswan war darüber natürlich sehr glücklich und traf sofort alle Vorbereitungen für die Reise mit dem Schiff.

Aber er hatte nicht mit dem Temperament und vor allem nicht mit dem ungeheuren Freiheitsdrang seines Hengstes gerechnet. Kaum war er am Kai des Hafens von Alexandria eingetroffen, da nutzte Jasir einen Augenblick der Unaufmerksamkeit, riß sich los und sprang ins Wasser. Raswan überlegte, ob er ihm nachspringen sollte, aber angesichts seiner Reisekleidung unterließ er es; er lief zum nächsten Boot, löste es und paddelte damit dem Ausreißer entgegen, der sich außerordentlich wohl in dem nassen Element fühlte. Raswan konnte ihn schließlich vor sich her an Land treiben, ihm ein Halfter anlegen und wieder aufs Schiff bringen.

Bei der Überprüfung der Gesundheitsbescheinigungen in Venedig fühlte sich der Hengst wieder einmal vernachlässigt, er knabberte lässig an seinem Strick, bis er sich frei fühlte und auf dem Promenadendeck des Dampfers herumspazierte. Bald hatten ihn die Matrosen eingekreist, um ihn wieder in seine Box zu bringen, aber er entkam ihnen mit geschickten Kapriolen, stürzte dann aber auf den glatten Schiffsplanken und fiel durch eine Luke in die Tiefe, wo er auf Baumwollstapeln zwar unsanft, aber zu seinem Glück unversehrt landete. Ein wenig verdutzt sah er sich um, schnaufte, schüttelte sich den Staub aus seinem seidigen Haar und fühlte sich zwischen den metallblitzenden Maschinen offenbar so wohl, daß er sich sogar von den Maschinisten füttern ließ. Wie erstaunt war Raswan, als er nach langer Suche den Hengst, den er schon über Bord vermutet hatte, im Maschinenraum wiederfand. Verständlich daher seine Erleichterung, als er endlich den edlen Sohn der Wüste der Fürstin vorführen konnte ..."

„Da sieht man, was für ein Freiheitsdrang, was für ein erstaunlicher Lebensmut in solch einem Trinker der Lüfte steckt!" meinte der Geschäftsführer lächelnd und erinnerte sich

der Geschichte von der Flucht einer Arztfrau, deren Mann als Tierarzt in Diensten des Königs von Jemen stand.

„Als Tochter eines passionierten Reiters verliebte sie sich in den Hengst Atarat, der dem König gehörte, und wollte ihn kaufen, aber der Herrscher winkte ab. ‚Ich verkaufe keins meiner Pferde!' sagte er. ‚Aber ich verstehe Ihre Passion und schenke Ihnen den Hengst!' Ihr größter Wunsch war damit in Erfüllung gegangen, und fortan war sie häufiger auf dem Rücken des Hengstes als am häuslichen Herd zu sehen. Täglich mehrere Stunden ritt sie diesen silberfarbenen seidigen Schimmel, der auf königliche Anordnung eigens einen Stall erhielt und einen Askari zu seiner Pflege. Als sie durch Vermittlung des Kommandeurs der Leibgarde noch den Hengst Al Ghaythan von einem Stammeshäuptling kaufen konnte, war ihre Freude unermeßlich. Schon mit dem ersten Morgengrauen schwang sie sich in den Sattel, um die kühlen Stunden des Tages zu nutzen, ehe die Sonne unbarmherzig herniederschien.

So lebte das Ehepaar jahrelang glücklich und zufrieden, bis eine Revolution im Lande ausbrach und es geraten schien, das Land zu verlassen. ‚Ich trenne mich auf keinen Fall von meinen Pferden', sagte sie beim Abschied von ihrem Mann, der mit dem Gepäck auf einem Lastwagen nach Aden vorausfahren sollte. Kurz darauf machte auch sie sich auf den Weg; mit dem Askari und den Hengsten ritt sie auf wenig begangenen Pfaden durch endloses Steppengebiet, ständig von herumlungernden Banditen bedroht. Bergab, bergauf führte der Weg bis in 3 000 m hohe Gebirgsketten hinein und verlor sich bald in sandiger Wüste. Die beiden Schimmelhengste hielten sich bei spärlichstem Futter und wenig Wasser fabelhaft. Fast 100 km legten sie täglich unter der brennenden Sonnenglut zurück, ehe sie auf irgendeiner abgelegenen Polizeistation ruhen durften. Und wieder ging es beim nächsten Morgengrauen durch Sand und hartes Steppengras, trugen die stahlharten Hufe der Hengste die beiden Menschen trittsicher und, ohne zu straucheln, über Fels und steiniges Geröll. Und dann endlich waren sie in Aden. Ihr Mann war tot; er war bei einem Beduinenüberfall ums Leben gekommen. Es blieben ihr allein die beiden Hengste, wundersame Gefährten ihres Lebens."

Es war in der Herrenrunde bei den Worten des Erzählers still geworden. Jeder der Männer fühlte den Wert eines solchen Gefährten, der sich weder in Mark noch in Dollar errechnen läßt.

„Mir ist noch in Erinnerung", fing nun Herr Constantin zu erzählen an, „was ich in einem Buch der Lady Anne Blunt, der Enkelin Lord Byrons, — ich glaube es hieß ‚The Bedouin Tribes of the Euphrates' (Die Beduinenstämme des Euphrats) — gelesen habe. Ruhelos durchstreifte diese zierliche Dame mit ihrem Feuerkopf von Mann Kleinasien und Nordafrika auf der Suche nach edlen Araberpferden, bis es ihnen gelang, von dem Stamme der Anazeh die berühmte Stute Hagar zu kaufen. Die zarte Frau nahm alle Strapazen auf sich, um das edle Tier nach England zu bringen. Drei Monate lang saß sie fast ohne Pause im Sattel, schlief nachts in einem engen Zelt — die Lady klagte nicht einen Augenblick!"

„Und wie verhielt sich das Pferd?" wollte Iller wissen.

„Nicht die geringsten Ermüdungserscheinungen zeigte Hagar. Ja, zum Schluß, als sie die Silhouette der Hafenstadt, in der sie sich einschiffen wollten, endlich vor sich sahen, legte die Stute sogar noch einen Galopp ein, den die Lady als den Galopp ihres Lebens bezeichnete — und zwar in einer Zeit, die Ihnen unglaublich erscheinen wird."

„Da bin ich aber neugierig!" warf Herr Witt ein.

„Meine Herren: 19 Kilometer in 45 Minuten, ohne jemals auf dem Wüstenpfad zu straucheln und ohne Erschöpfung zu zeigen."

„Donnerwetter!" staunte Herr Witt, der als Bereiter einiges gewohnt war.

„Und das Schönste kommt noch. Hagar brachte in ihrem Leben 13 Fohlen zur Welt und starb im hohen Alter von 25 Jahren!" schloß Herr Constantin seinen Bericht.

„Alle Hochachtung vor solch einem fabelhaften Pferd!" meinte der Geschäftsführer des Arabischen Zuchtbuches. Und nach einer kurzen Pause fuhr er fort: „Lassen Sie uns, meine Herren, nicht vergessen, daß wir auch in neuerer Zeit Persönlichkeiten unter uns hatten, die, wenn es sein mußte, sogar ihr Leben für die Erhaltung unseres wertvollen Pferdebestandes einsetzten. Nachdem auf Befehl von Landstallmeister Dr. Rau, dem großen Pferdefreund, das zerstörte polnische Staatsgestüt Janow Podlaski wiedereröffnet worden war und ein vorbildlicher Gestütsbetrieb durchgeführt werden konnte, vereitelte diesmal die russische Offensive 1944 seinen Fortbestand.

Bei der Evakuierung am 16. Juli wurden 245 Pferde des Hauptgestüts und 170 Hengste des Landgestüts nach Sachsen gebracht, aber schon am 13. Februar 1945 mußten sie weiterziehen. Da Eisenbahnwaggons nicht mehr aufzutreiben waren, ging der Marsch nach Torgau bei Schnee und eisiger Kälte auf überfüllten Straßen, auf denen sich Tausende von Flüchtlingen zu retten versuchten. Oft fanden sich für die Pferde nachts keine Quartiere, so daß durchgeritten werden mußte.

Auch die 80 Hengste eines Teiltransportes fanden kaum eine Ruhepause. Als er sich nachts unter Führung des Obersten

von Bonnet auf dem Weg zu den Stallungen einer Dresdener Kaserne befand, geriet er in den furchtbaren Luftangriff, der die Stadt in eine Hölle verwandelte. Inmitten der krepierenden Geschosse und der Flammenmeere brach Panik unter den Tieren aus. Hier riß ein schwer verwundeter Beschäler sich aus der Hand seines Reiters. Der stürzte zu Boden. Dort schlugen mehrere Hengste unter dem Krachen und Splittern der Bomben wie wild um sich, bäumten sich unter herzzerreißendem Wiehern empor und stoben auseinander. Im Nu entstand ein Chaos. Die vierzig Pferdepfleger waren hilflos inmitten dieses Infernos.

Sie riefen, sie schrien nach ihren Vierbeinern, eilten hinter ihnen her, um zu retten, was noch zu retten war, und mancher rannte selbst ins Verderben . . .

Nur einer von ihnen, der schmächtigste von allen, blieb unerschrocken auf der Stelle, und obwohl aus mehreren Wunden blutend, hielt er seine beiden ihm anvertrauten Hauptbeschäler fest am Halfter . . ."

Die Männer waren von der Schilderung tief beeindruckt. Schweigen trat ein — keiner hatte mehr Lust, etwas zu sagen. Und so trennten sie sich bald.

Pferdehandel

Eines Tages im Frühjahr erschien im Gestüt Schwarzbach ein vornehm gekleideter Herr, der drei Hengste kaufen wollte; er war als Händler Herrn Iller nicht unbekannt. Der Mann wußte im Gegensatz zu vielen anderen Interessenten genau, was er wollte. „Die Hengste müssen als Dreijährige korrekt im Exterieur[1]) sein, gelehrig und temperamentvoll. Sie sollen in der Dressur ausgebildet werden und im Zirkus die Hohe Schule zeigen!“ meinte Herr Struck und verlangte einen Rundgang durch den Stall.

Iller blieb entgegenkommend, obwohl er Besuche ohne Voranmeldung nicht liebte, und zeigte ihm sein Angebot. Der Besucher jedoch gab sich mit dieser Besichtigung nicht zufrieden und erklärte, die Pferde auf dem Reitplatz besser mustern zu können. Iller gewährte ihm auch diesen Wunsch, und Gestütsmeister Ewald und seine beiden Helfer gaben sich alle Mühe, ihm sechs ausgesuchte Hengste in der besten Haltung vorzuführen. Im Schritt, im Trab und auch im Galopp wurden Pferde und Männer warm.

---

[1]) das Exterieur: die Körperform eines Tieres

Sie setzten alle Hoffnung darein, daß ihre Anstrengungen auch den rechten Erfolg haben würden. Allein Herr Struck hatte bald an diesem und bald an jenem etwas auszusetzen. Bei Ganymed erschien ihm der Hals zu kurz, bei Shari paßte ihm die helle Haarfarbe nicht, und bei Sahri beanstandete er die angeblich schwache Hinterhand. Dagegen gefielen ihm die anderen drei Hengste Namud, Enzir und Yamar. Als er jedoch den Preis vernahm, wurde er schweigsam und kniff die Lippen zusammen. 18 000 DM für jeden der dunklen Hengste, das war ihm zu hoch. Der Direktor des Zirkusunternehmens hatte als Höchstmaß den Betrag von 20 000 DM genannt, Struck wollte nur 15 000 DM ausgeben, um einen beachtlichen Gewinn einstecken zu können. Nun sah er sich in seinen Berechnungen enttäuscht. Dennoch gab er sich Mühe, dies zu verbergen.

„Schön ist das Trio ohne Zweifel!" meinte er nach einer kurzen Pause und musterte immer noch eingehend die Pferde, die schon ungeduldig am Zügel in der Hand ihrer Betreuer wurden. „Ich glaube, ich habe mich schon in sie verliebt, ehe ich sie ausprobiert habe!" lächelte er verlegen, als Iller ihn ansah. Der Herr auf Schwarzbach kannte die Praktiken der Pferdehändler zur Genüge, gab Ewald einen Wink, und die Pferde wurden zum Stall zurückgeführt.

„Ich dränge Ihnen die Hengste nicht auf!" sagte er schließlich. „Sie sind noch nicht zugeritten, sind also noch roh, und es erfordert eine Menge Arbeit, bis man sie so weit hat, daß man sie zur Schau stellen kann. Aber ich weiß, was in ihnen steckt: Temperament, Sanftmut und Gelehrigkeit. Fehler besitzen sie nicht!"

Und damit war die Vorführung abgeschlossen. Herr Struck bedankte sich und versprach, bald wiederzukommen. „Ich muß

Nachdenklich: wenn ich einmal groß bin ...

Ein wahrhaft fürstlicher Name: Ezzel Arab-Morafic

mir die Angelegenheit zu Hause noch einmal gründlich überlegen und sie mit meinem Auftraggeber besprechen!"

In Wirklichkeit bangte er um einen erklecklichen Verdienst. Als gewandter Händler hatte er sich natürlich zuvor auch in anderen Ställen umgesehen, aber nichts Passendes an Pferdematerial finden können. Entweder hatten die Pferde Fehler, oder aber es mangelte an der Harmonie der Farben und Proportionen.

Hier in Schwarzbach hatte er endlich gefunden, was er suchte, drei Hengste ohne Makel. Nur paßte ihm die geringe Gewinnspanne nicht in seine Kalkulation. Da er wegen seines recht üppigen Lebensstils in Schulden geraten war, konnte er sich Geschäftsabschlüsse, die keinen kräftigen Gewinn abwarfen, nicht leisten. Und wer konnte wissen, wie das nächste Geschäft ausfiel!

Struck war ein Meister der Anpassung an die jeweiligen Bedürfnisse seiner Kundschaft. Da eine große Nachfrage nach Reitmöglichkeiten für Kinder herrschte, nutzte er seine Chance und hielt eine große Zucht an Zwergeseln für die Kinder wohlhabender Leute unter der Devise: In jeden Garten, auf jede Wiese einen Esel für euren Hans, für eure Liese!

Da Kinder wohlhabender Eltern, weil es Mode geworden war, sich mehr und mehr fürs Reiten interessierten, handelte Struck auch mit Ponys, und für die wachsende Zahl der Erwachsenen, die sich dem Wandern zu Pferde verschrieben hatten, besorgte er aus Tirol die schönen bernsteinfarbenen Haflinger. Mit ihren verhältnismäßig kurzen Beinen sind sie überaus geländegängig, trittsicher, genügsam und widerstandsfähig und verfügen über ein erstaunliches Temperament, da in ihrer Ahnenreihe auch arabisches Vollblut zu finden ist.

Natürlich stellten Hannoveraner, Trakehner, Holsteiner und andere Pferdeschläge das Hauptkontingent, die er oft auch selbst zuritt oder für Sprungprüfungen ausbildete, wenn ihm sein Geschäft Zeit dazu ließ. Für hochbegüterte Herrschaften allerdings diente der Vollblutaraber als „Aristokrat" unter den Pferden sozusagen als Aushängeschild für den Gesellschaftsrang des Besitzers. Für die meisten Pferdefreunde und Pferdekenner war er in der Regel allerdings unerschwinglich.

Der Auftrag, für ein Zirkusunternehmen Vollblutaraber zu kaufen, war der erste dieser Art, und Herr Struck war zum ersten Mal im Widerstreit mit sich selbst. Zum einen wollte er, auch wegen der neuen Geschäftsverbindung, seinen Auftraggeber zufriedenstellen, zum anderen wollte er sich aber auch nicht seinen Gewinn schmälern lassen.

Vorsicht beim Pferdehandel war seine Gewohnheit, denn überall witterte er Fallen und böse Listen seiner Geschäftspartner. Und er wollte auf keinen Fall übervorteilt werden.

Und so erschien er nach drei Tagen abermals unangemeldet im Gestüt, in der Absicht, etwas beanstanden zu können und damit den Preis zu drücken. Iller ließ sich seinen Unmut nicht anmerken, er hatte allerdings vorsichtshalber seiner Frau aufgetragen, ihn nach einer halben Stunde ans Telefon zu rufen.

Inzwischen betrachtete Herr Struck die drei Hengste noch einmal auf dem Reitplatz, zuerst Namud und dann die beiden anderen, von vorn und hinten, von links und rechts; er tastete über die Fesseln und an den Läufen auf der Suche nach krankhaften Verdickungen, er kniff in den Mähnenkamm und zwischen die Ohren in der Meinung, daß Namud oder Yamar scheuen würden, aber die beiden störten sich keineswegs daran, und Enzir nützte die ihm willkommene Gelegenheit, ihm die wollene Schiebermütze vom Kopf zu reißen. Der Wind kühlte Strucks schweißbedeckte Stirn.

Gestütsmeister Ewald mußte dann noch einmal aufsitzen und alle Gangarten vorführen. Und schließlich sprach Struck davon, vor dem Kauf auch noch einen befreundeten Tierarzt hinzuzuziehen, der ein fachliches Gutachten abgeben müsse.

Iller hatte damit gerechnet. Er hatte nichts dagegen, machte aber darauf aufmerksam, daß noch zwei Käufer sich für Namud und Yamar interessiert hätten. Ihre Entscheidung würde spätestens am nächsten Tage erfolgen. „Wahrscheinlich sind die Hengste morgen schon verkauft!“ meinte Iller gelassen.

Da wurde Struck hellhörig. „Sie scherzen doch nicht etwa?" meinte er zweifelnd. In der Tat hatten sich zwei Schweizer Industrielle zum Besuch am nächsten Tage angemeldet. „Wie ist nun der genaue Preis?" fragte Struck sichtlich erregt.

„Derselbe wie vor drei Tagen!" antwortete Iller trocken.

„Sie bringen mich um meine Chance, um meinen Verdienst. Wie soll ich das meinem Kunden klarmachen?" stöhnte Struck.

Der Gestütsleiter brauchte darauf nicht zu antworten, da Frau Iller in der Tür des Hauses erschien und ihren Mann, wie verabredet, zum Fernsprecher rief. Als er wiederkam, fragte Struck sofort, ob wohl die Schweizer Herren sich schon entschieden hätten.

„Sie haben sich für morgen früh angemeldet!" wich Iller ihm aus. „Ich kann meine Pferde nur einem Kunden abgeben, von dem ich weiß, daß er sie gut behandelt", fügte er dann hinzu. „Es kommt mir nicht auf das Geld allein an, ich bin vor allem daran interessiert, daß sie in gute Hände kommen. Das entscheidet!"

Nun wurde Struck nachgiebig. „Ich gebe Ihnen die Garantie, daß die Hengste in dem Zirkus in pflegliche Hände kommen und überaus gut gefördert werden!" sagte er, zog sein Scheckheft aus der Brusttasche und schrieb die geforderte Kaufsumme aus; durch Handschlag wurde der Kaufabschluß besiegelt. Im anschließend ausgefertigten Kaufvertrag, in dem Iller garantierte, daß die drei Hengste von gesundheitlichen Mängeln gleich welcher Art frei seien, und in dem er eine Gewährsfrist von vierzehn Tagen für seine Garantie gesetzt hatte, wurden Namud, Enzir und Yamar dem Händler übereignet. Ehe eine Stunde verstrichen war, fuhren sie im Transportwagen einem neuen, ganz anderen Leben entgegen.

In der Manege

Iller und seine Frau sahen noch eine Weile den Fahrzeugen nach, dann wandten sie sich wieder ihren täglichen Aufgaben zu, einesteils froh darüber, ein gutes Geschäft abgeschlossen zu haben, andernteils voller Gedanken über das Schicksal ihrer Lieblinge.

Immerhin bürgte das renommierte Zirkusunternehmen für eine gute Behandlung der Pferde. Namud, Enzir und Yamar kamen in die Hände eines erfahrenen Dresseurs, der über die Eigenart insbesondere der Vollblutaraber bestens unterrichtet war und es verstand, unter Nutzung ihrer besonderen Verhaltensweisen sie zu dressieren. Namud, Enzir und Yamar sollten einmal in der Manege die Kunst der Hohen Schule vorführen und das Zirkuspublikum begeistern.

Wenn man von Dressur hört, ist man geneigt zu glauben, daß sie mit Vergewaltigung der schönen Geschöpfe zu tun habe, mit Schlägen, Schimpfkanonaden, mit Futterentzug und ähnlichen Erniedrigungen.

Direktor Fredy lächelte jedesmal, wenn solche Vermutungen laut wurden. „Nein“, antwortete er lächelnd, „Dressur hat damit absolut nichts zu tun. Ein guter Ausbilder ist heutzutage weit von der Anwendung solcher Zwangsmittel entfernt. Er wüßte genau, daß er das Gegenteil dessen erreichen würde, was er sich vorgenommen hat, nämlich die jedem Tier eigenen Fähigkeiten zu entwickeln und zu fördern. Er versucht zunächst, das Vertrauen des Tieres zu gewinnen und es durch Einfühlung in sein Wesen und seine Lebensweise in der Gruppe zu einer Gemeinschaftsleistung zu bringen. Man bedenke, daß Pferde stets in Herden leben, um sich gegen ihre Feinde zu schützen. Ihre größte Stärke im Daseinskampf ist ihre außerordentliche Schnelligkeit; das allein ist ihre Chance, in Wüste und Steppe zu überleben. Der Zwang zur äußersten Aufmerksamkeit aller Sinne stärkte ihr Gedächtnis in dem weiten, merkmalsarmen Lebensraum, in dem sie jede noch so unauffällige Veränderung sofort erkannten. Durch eine Vielzahl von Generationen hindurch entwickelte sich so ein Erbgedächtnis wie auch eine Art von Erbverhalten. So legen diese Wüstentiere sich zum Beispiel nur zur Ruhe nieder, wenn sie sich unbedingt sicher fühlen.

Heute gibt es kaum noch wilde Pferde. Allein im Dülmener Raum in Westfalen kann man an den wie Wild gehaltenen Ponys in einem großen Areal von mehreren hundert Morgen noch bestimmte Verhaltensweisen studieren.

Die Pferde halten dort in Familienverbänden zusammen. Die zwanzigjährige Stute zieht mit ihren Töchtern und Enkelkindern, den Fohlen, auf schmal eingetretenen Wechseln zur Äsung, in die Unterschlupfe inmitten der Kiefernwaldbestände und zur Tränke am Bach, während die Hengste alljährlich auf einer großen Schau versteigert werden, um Inzucht zu verhindern.

Wer genau beobachtet, der sieht, wie die Stuten durch ihre Mimik ihre Gefühle ausdrücken. Als ich bei meinem letzten Besuch einige von ihnen fotografieren wollte, näherten sich mir andere von hinten. Ich blickte gerade durch das Objektiv, und ehe ich mich's versah, keilten sie gefährlich nahe aus. Ich hatte Glück, daß mein Apparat — und ich selber unversehrt blieb."

Inzwischen war Pferdehändler Struck mit seinen Neuerwerbungen Namud, Enzir und Yamar im Zirkus eingetroffen. Direktor Fredy stutzte zwar, als ihm Struck den Kaufpreis nannte; als er sich die Vollblüter jedoch näher besah, war der Pferdeliebhaber Fredy begeistert und sparte nicht mit Lob.

Wie fremd mußten sich die Hengste in ihrer neuen Umgebung fühlen! Wenn sie auch ihre Stallboxen dicht nebeneinander hatten und sich sehen konnten, was ihr Heimweh dämpfte, so fehlten ihnen doch die grünen Wiesen, die Berge, Sonne und Wind, die man ihnen weggenommen hatte. Statt dessen umgab sie hier in den Arbeitsstunden das eintönige Rund der Manege, eine Sandfläche, umgrenzt von stoffüberspannter Piste.

Und welch seltsame Gerüche entströmten dem Sand! Raubtierwitterung von Tigern und Bären stach ihnen in die empfindlichen Nüstern, ließ sie stutzen und erschreckte sie; ihr Erbgedächtnis warnte sie unvermittelt vor dem Verweilen unter dem finsteren Zeltbaldachin.

Direktor Fredy spürte die Nervosität, die sich bei Namud bemerkbar machte, als er als erster der Hengste die Manege betrat. Behutsam führte Fredy ihn am Zügel, beruhigend sprach er auf ihn ein, er klopfte ihm wohlwollend Hals und Lenden und strich ihm mit der kitzelnden Peitschenschnur immer wieder über den glänzenden Rücken und schob ihm wie beiläufig einen wohlschmeckenden Futterwürfel zwischen die Lippen — der Hengst wurde ein wenig ruhiger. Eine halbe Stunde dauerte der ständig wiederholte Umlauf Namuds mit seinem neuen Herrn in der Manege. Dann hatte sich der Hengst daran gewöhnt und wurde wieder in seine Box geführt.

Nun brachte Stallmeister Wendelin Enzir am Halfter ins Zelt, aber der sträubte sich wie wild. Er wieherte erregt und stieg, als sollte es zum Schlachter gehen. Wendelins Zureden nützte nichts. Jetzt hätte Fredy ihn mit der Peitsche zwingen können, aber er dachte nicht im entferntesten daran. Auf seinen Wink brachte der Stallbursche Robert die zwanzigjährige Lipizzanerstute Theres in die Manege, und sie, die Künstlerin der Hohen Schule, nahm Enzir die Angst, indem sie an seiner Seite einige Runden auf dem Zirkel ging, während Fredy den Hengst am Zügel führte und gütig auf ihn einsprach. Und siehe da, der Herdentrieb kam durch, er übte eine beruhigende Wirkung auf das Pferd aus. Es hatte sich rasch gefangen, und dann war die Reihe an Yamar. Er sperrte sich anfangs auch etwas, aber kaum hatte er aus Fredys Hand ein paar Futterwürfel empfangen, schloß er sich gehorsam seinem Lehrmeister an.

Mehrere Tage widmete sich der Direktor fast ausschließlich seinen vierbeinigen Schülern und warb um ihr Vertrauen, bis er an die eigentliche Arbeit denken konnte. Er besuchte seine Lieblinge tagsüber regelmäßig im Stall, er sprach mit ihnen, liebkoste sie und schärfte den Stallburschen ein: „Geschlagen wird auf keinen Fall! Ihr Vertrauen zu gewinnen — das ist unsere Aufgabe."

Eines Vormittags — Namud wurde wieder in die Manege geführt — legte ihm Wendelin erstmals einen Sattelgurt und einen Kappzaum an, an dem rechts und links je eine Longierleine befestigt war. Der Hengst fühlte sich ein wenig beengt, er trat unruhig auf der Stelle, aber er wehrte sich nicht. Während Wendelin die eine Leine und der Direktor die andere hielt, stand Namud noch unschlüssig. Erst als ihn dann Fredys Peitsche sanft berührte, schüttelte er sich abwehrend, und als ihm der Meister auch noch die linke Fessel damit kitzelte, schlug er heftig aus, als wollte er lästigen Fliegen wehren.

Wendelin erkannte rasch die kritische Verfassung des Hengstes, er reichte ihm einen Futterwürfel und lockte ihn auf dem Hufschlag hinter sich her. Namud folgte, ab und zu vor der Piste verweilend, als wollte er das Hindernis überspringen, aber Wendelins äußere Leine hielt ihn davor zurück. Schließlich hatte Namud begriffen, daß er im Kreise laufen mußte. Abschließend bewältigte er einen leichten Trab zur vollen Zufriedenheit seiner Betreuer und war entlassen. Sein Schaum auf den Lippen bewies, daß er sich ordentlich angestrengt hatte.

Enzir folgte ihm, ebenfalls gesattelt und gezäumt. Er überraschte Fredy durch seine Geschicklichkeit im Schritt und Trab. Das schöne Bild des majestätisch dahinschreitenden Pferdes beeindruckte den Direktor, und als auch Yamar sich sehr anstellig zeigte, erzählte Fredy seiner Frau begeistert von seinen Erfolgen.

Noch einige Wochen mußten die Hengste an der Longe im Schritt gehen, traben und galoppieren und auf Kommando stehenbleiben. Sie verstanden in ihrer Klugheit, worum es ging, heimsten am Schluß jeder Lektion ihre verdienten Leckerbissen ein und fanden offenbar mehr und mehr Spaß an den schwieriger werdenden Übungen. Sie endeten schließlich damit, daß sie ihren Lernstoff auch ohne Longe vorführten.

Hatte Direktor Fredy mal die Belohnung vergessen, nun, so waren Namud, Enzir und Yamar nicht darum verlegen, ihren Tribut durch nachdrückliches Scharren mit den Hufen nachzufordern.

Enzir war der unruhigste Schüler des Trios. Dann erntete er im Augenblick seines Aufbegehrens regelmäßig einen raschen Touch mit der Peitsche. Zuweilen trieb er es so arg, daß sein Meister mit lauter Stimme und tief gehaltener Peitsche auf ihn zuging und ihn mit heftigen, unwiderstehlichen Armbewegungen zurückdrängte und zur Raison brachte. Auch wenn es dem Aufsässigen gar nicht recht war, fügte er sich erst mal. Blieb er auch dann widerspenstig, dann mußte er auf jede Futtergabe verzichten und ließ gedemütigt den Kopf hängen.

Die Gymnastik an der Longe blieb auf die Dauer nicht ohne Erfolg. Die Muskelpartien der Pferde hatten sich sichtbar gekräftigt, ihre Haltung war aufrecht und elegant. Behielten sie diese Haltung bei, auch wenn beim Vorwärtsschreiten die Hinterhand fast in die Trittsiegel der Vorderhand geriet, dann war Direktor Fredy hoch zufrieden. „Das Trio ist rund und gut versammelt!" rief er dann stolz.

Natürlich wurden die drei Araber auch unter dem Sattel geübt. Der Schultrab war die wichtigste Gangart der Hohen Schule. Namud, Enzir und Yamar trabten fleißig im Takt, bei gehobenen Hanken[1]) mit elegantem aus der Hinterhand kommendem Schwung. In den Seitengängen mußte die Schulter hereingenommen werden. Dabei wurden die Hengste zu erhöhtem Gehorsam gebracht. Wenn die Übungen auch auf die Dauer eintönig zu werden drohten, bewahrte Direktor Fredy bei ihnen die nicht endende Geduld eines erfahrenen Lehrmeisters. Nur so lernten die drei Hengste, sich seinem Wort und seiner Gebärde bedingungslos zu fügen.

Die erste Stufe der Dressur war damit abgeschlossen, die eigentlich schwierigen Figuren aber kamen erst jetzt. Eine dieser

[1]) Hanken: die Partie um Hüft- und Kniegelenk

Figuren ist das Steigen der Hengste. Wie herrlich sehen Pferde in der Manege aus, wenn sie steigen, sich dem Publikum in ihrer ganzen Größe zeigen, erst recht, wenn ein Trio durchtrainierter Araberpferde diese Figur in vollendetem Zusammenspiel vorführt! Denn das will der Zuschauer sehen.

Das Steigen der Hengste hat seinen Grund in ihrem Kampfgebaren. Sie suchen auf diese Weise das Übergewicht über ihren Gegner zu erlangen, um ihn an der Mähne zu fassen oder in den Hals zu beißen. Dieses dem Kampftrieb entspringende Gebaren in eine beherrscht vorgeführte Figur zu verwandeln, gehört zu den schwierigsten Aufgaben eines Dresseurs.

Zunächst ließ Direktor Fredy in die Trensenringe rechts und links je eine Longe und eine dritte an die rechte Vorderfessel schnallen. Während die linke Meister Wendelin und die anderen beiden Fredy hielt, touchierte der Direktor mit seiner Peitsche, seinem verlängerten Arm gewissermaßen, Namuds Bein bei gleichzeitigem Anziehen der Longe. Dabei ging er, indem er die Steigbewegung mit seinem Körper andeutete, mit erhobener Gerte belebend mit. Dies wiederholte sich unzählige Male, heute, morgen, übermorgen, bis jeder Hengst begriffen hatte, was er tun mußte.

Zuletzt wurde das Trio geschlossen geschult. Diese Übung gipfelt darin, daß die Steiger ihrem Herrn und Meister, während er sich rückwärts bewegt, auf der Hinterhand willig durch die Manege folgen. Damit dieser schwerste Teil der Übung in flüssigem Bewegungsablauf vorgeführt werden kann, bedarf es endloser Wiederholungen.

Eine Reihe von Begleitübungen rundete das Ausbildungsprogramm ab. An die natürliche Fluchtbewegung der Pferde anknüpfend, übte der Direktor unter anderem das sichere Anspringen in den Galopp, der in einer eng auf der Hinterhand vollführten Kreisbewegung des Pferdes, in einer sogenannten Pirouette, enden soll. Enzir war in dieser Übung mit Abstand der Beste, verstand er es doch, sich fehlerlos um seine Achse zu drehen. Ebenso war Enzir ein Meister in der Passage[1]) und dem sogenannten spanischen Tritt, oder, wenn es darum ging, den Trab in der Zeitlupe exakt vorzuführen. Den höchsten Grad der Versammlung, den die Piaffe[2]) erforderte, erreichte Namud, den außer Direktor Fredy Stallmeister Wendelin und Fredys

[1]) Passage: vervollkommnete Formen des Trabes bzw. Schrittes

[2]) Piaffe: trabartige Bewegung auf der Stelle

Tochter ritten. Der Schwerpunkt ruht bei dieser Figur auf den gebogenen Hanken und Sprunggelenken, die das Gewicht der Reiter ohne seitliches Ausweichen auffangen.

Noch schwierigere Übungen folgten: die Sprünge. Die Hengste mußten zuerst einzeln über mehrere am Boden liegende Stangen, die Cavalettis, treten, und zwar nacheinander in allen Gangarten. Sobald die Hengste diese Vorübung meisterten, wurden die Stangen angehoben und die Pferde an höhere Sprünge gewöhnt. Danach begann die Probe zum Sprung über die Stange. Auf beiden Seiten durch eine Longe am Nasenriemen gesichert, wurde Namud als erster des Trios mit Stimme und Geste sowie Touchierpeitsche vor dem Stangenholz versammelt, bis der Direktor ihm das Zeichen zum Steigen gab und durch Zurücktreten zum Sprung lockte.

Natürlich klappte die Übung nicht auf Anhieb. Der Hengst kam etwas zu schnell auf die Vorderhand herab, aber nach einigen Wiederholungen hatte er verstanden, und es gelang. Enzir und Yamar waren geschickter, und Yamar schaffte als erster zwei Sprünge hintereinander.

Die besondere Schwierigkeit bei der Kapriole oder dem Hirschsprung bestand darin, das Pferd zunächst steigen und springen zu lassen und es gleichzeitig zum Auskeilen zu bewegen. Yamar und Namud stellten sich dabei nicht gerade geschickt an, Enzir war ihnen auch darin überlegen und hatte damit die Spitze seiner Leistungen erreicht.

Dafür waren Namud und Yamar im Hinlegen auf Kommando flinker, und wenn es darum ging, ein Kompliment zu machen, dann versagten sie nie. Der Direktor hatte sich freilich etwas einfallen lassen, ihnen diesen Höflichkeitsakt buchstäblich schmackhaft zu machen. Er reichte ihnen einfach von hinten zwischen die Vorderbeine einen Futterwürfel hindurch, so daß die Araber vorn heruntergehen mußten. Dabei wurden sie sacht an der Brust touchiert, so daß sie es bald verstanden, sich auch ohne „Köder" hinabzulassen.

Auf diese natürliche Abrichtungsmethode baute der Meister der Dressur alle seine weiteren Schaufiguren auf und übte sie mit seinen drei Hengsten so lange, bis sie vorführreif waren.

Und dann war es soweit. Die neue Dressurnummer, in monatelanger zäher Arbeit vorbereitet, wurde ins Programm aufgenommen und bei einer Premierenvorstellung in einer Großstadt erstmals gezeigt. Der Erfolg war über Erwarten groß, der Beifall wollte nicht enden. Die Dressurvorführung der drei arabischen Hengste wurde zu einem festen Bestandteil, ja, zu einem der Glanzpunkte des Programms.

Für Direktor Fredy war es der letzte Höhepunkt seiner Laufbahn und zugleich ihr Ausklang. Er begann die Bürde des Alters zu spüren, und nachdem seine Frau ein paar Jahre später gestorben war, trat er von der Manege, die seine Welt bedeutet hatte, ab und zog sich auf einen kleinen Landsitz zurück. Dort verbrachte er in aller Abgeschiedenheit seinen Lebensabend.

Jeden Morgen geht er vor Sonnenaufgang in den Stall und besucht dort seine einzige Freundin, eine herrliche Schimmelstute, die nach dem Tod seiner Frau sein ein und alles geblieben ist. Mit ihr reitet er täglich aus.

KURT KNAAK *ist einer der meistgelesenen Tierbuchautoren. Seine Tierbücher sind in über 3 000 000 Exemplaren verbreitet. Unter vielen anderen Büchern sind in unserem Verlag erschienen:*

Silva, das Wildkalb Neuerscheinung 1974 · 96 S. · JM ab 10

Das wechselvolle Schicksal eines Wildkalbs, das, bei einer Försterfamilie aufgezogen, an einen Zoo abgegeben wird und seine Freiheit in einem Wildgehege wiederfindet.

Die klugen Delphine neu 1974 · 88 S. · 6 Fotos · JM ab 10

Alte Legenden wie jüngste Forschung berichten Erstaunliches: Delphine als Begleiter von Schiffen, als Retter aus Seenot, als Helfer beim Fischfang. Eine sehr kenntnisreiche Darstellung dieser geheimnisvollen Meeresbewohner.

Heimat der Seehunde 104 S. · 14 z. T. bunte Fotos · JM ab 10

Kurt Knaak ist mit dem „Robbenvater" Nickels Liermann hinausgefahren zu den Sandbänken vor der friesischen Küste und hat die geselligen, aber scheuen Tiere beobachtet.

Treue Bernhardiner 128 S. · 7 z. T. bunte Fotos · JM ab 10

Das Buch der Bernhardinerhunde, deren selbstloser Einsatz Tausende von Menschen vor dem Lawinentod bewahrt hat.

Kleiner Bruder Black 94 Seiten · Jungen und Mädchen ab 10

— little brother Black — so nennen die Wärter im Yellowstone-Nationalpark in den USA gern den Schwarzbären.

Die Ungezähmten 272 Seiten · 16 Fotoseiten · JM ab 10

In lebendigen Einzeldarstellungen werden uns hier vier „Ungezähmte" vorgestellt: der Puma, der Silberlöwe Amerikas, der Waschbär, der seit kurzem auch im deutschen Mittelgebirge angesiegelt wird, der Zobel, der sibirische Edelmarder, und der bei uns fast ausgestorbene Fischotter.